AF248265

LES FRÈRES DES ÉCOLES CHRÉTIENNES

CONTRE

LA COMMUNE DE CALUIRE ET CUIRE

Les sieurs VASSEL, PIERROT, BAZURET, MILLIET, RIVIÈRE, BENOIT et consorts

ET

M. CHALLEMEL-LACOUR

LYON

IMPRIMERIE MOUGIN-RUSAND
3, rue Stella, 3

1874

COUR D'APPEL DE LYON

Première Chambre

PRÉSIDENT

M. MILLEVOYE

PREMIER-PRÉSIDENT

Ministère public :
M. GENESTE
AVOCAT-GÉNÉRAL

MÉMOIRE

POUR

MM. DUGAVE ET PAGET

Frères des Ecoles Chrétiennes

CONTRE

LA COMMUNE DE CALUIRE, près Lyon

ET ENCORE

M. CHALLEMEL-LACOUR

Ancien Préfet du Rhône

Les sieurs VASSEL, RAZURET, PIERROT et Consorts, et BONOIT

EN PRÉSENCE

DES SIEURS RIVIÈRE (SIMON) & BRUNIER

De MM. MORAND, JOANNON, LAROQUE et Consorts, intervenants

FAITS.

Peu de jours après la dévastation et le pillage, à Lyon, de l'Etablissement des Carmes, des Dominicains, des Jésuites et de l'Etablissement des Missions-Africaines, une bande composée de trente hommes armés et de plusieurs hommes sans armes se présentait, à midi, le 28 septembre 1870, à l'Etablissement qui appartient à MM. Dugave et Paget, sur la commune de Caluire, et

Envahissement violent et attentatoire de l'établissement de Caluire.

1

sommait le Directeur de cette maison, représentant les propriétaires, de l'évacuer immédiatement, avec tous ceux qui l'habitaient.

Celui qui paraissait le chef de cette troupe d'hommes remettait en même temps la pièce suivante :

« MAIRIE DE CALUIRE ET CUIRE.

« COPIE.

« Le mardi vingt-sept septembre mil huit cent soixante-dix, le Conseil « municipal a adopté les mesures suivantes :

« Considérant que la patrie en danger a besoin de toutes les ressources de « la France ;

« Considérant que l'immense Etablissement des Frères ignorantins situé « sur notre commune *peut être converti en ambulance, caserne ou toute autre* « *désignation jugée nécessaire par le Comité de défense nationale ;* le Conseil « municipal, dans sa séance de ce jour et à l'unanimité, a ordonné le départ « pour leurs foyers respectifs de tous les Novices et Frères résidant dans ledit « Etablissement.

« Aujourd'hui vingt-huit, à midi précis, cet ordre leur sera signifié par les « trois adjoints de la commune, accompagné (*sic*) d'un piquet de gardes « nationaux, *qui devra s'y établir, et à leurs frais, jusqu'à complète évacuation.* « Un inventaire sera fait par les trois adjoints.

« Caluire, 28 septembre 1870. »

En marge est écrit :

« Conseil municipal demande, à l'unanimité, l'expulsion de tous les novices « des Frères ignorantins, pour que la Communauté soit convertie en caserne « ou ambulance.

« *Le Maire,*
« Signé : Vassel André.

« Pour copie conforme :
« *Le Maire de Caluire et Cuire,*
« Vassel A. »

« Vu et approuvé :
« *Le Préfet du Rhône,*
« Signé : P. Challemel-Lacour.

Le Frère directeur proteste contre l'expulsion à laquelle on vient procéder à main armée ; il est assisté dans sa résistance par le Frère Baratta.

La bande entre alors de force et malgré l'opposition du représentant des propriétaires. Des sentinelles sont placées immédiatement aux portes extérieures de l'enclos, empêchant l'entrée et la sortie. Le gros de la bande envahit la maison même et en menaçant se fait servir à boire et à manger.

En réalité, il ne peut être question, à ce moment, ni d'ambulance, ni de casernement pour des troupes.

S'il s'agissait de créer une ambulance, les Frères ne feraient pas de protestation, car ils ont offert le concours le plus généreux pour cela. Leur Supérieur général, à la date du 15 août 1870, a écrit la lettre suivante au Ministre de la Guerre :

« Monsieur le Ministre,

« Nos Frères veulent profiter du temps des vacances pour payer à la patrie « un nouveau tribut de dévouement.

« En conséquence, Monsieur le Ministre, je viens mettre à votre disposi- « tion tous les Etablissements libres que nous possédons, tels que Passy, « Saint-Omer, Thionville, Dijon, Beauvais, Dreux, Lille, Reims, *Lyon*, « Chambéry, Le Puy, Béziers, Toulouse, Marseille, Avignon, Rodez, Nantes, « Quimper, Tours, Orléans, Moulins, Clermont, notre Maison-Mère, rue « Oudinot, à Paris, etc, et, en ce qui nous concerne, les Maisons et les Ecoles « communales que nous dirigeons dans toute l'étendue de l'Empire, pour être « transformés en Ambulances.

« Tous les Frères qui dirigent ces Etablissements libres et publics s'offrent « pour prodiguer leurs soins aux malades et aux blessés.

« Les soldats aiment nos Frères et nos Frères les aiment ; un grand nombre « d'entre eux, ayant été élevés dans nos écoles, seront heureux de recevoir « des soins de leurs anciens maîtres. »

Dix jours après cette lettre, le Directeur de la Maison de Caluire a écrit lui-même au Président de la Société de Secours pour les Blessés dans les termes suivants :

« Caluire, le 25 août 1870.

« Monsieur le Président,

Offre par le Supérieur de la maison de Caluire d'y créer une ambulance.

« Notre Supérieur général, par une lettre du 15 août 1870, adressée à « M. le Ministre de la Guerre, ayant mis à la disposition des blessés toutes les « Maisons de notre Institut, je m'empresse de vous offrir le vaste Etablisse-« ment dont je suis directeur à Caluire. Je crois que 50 malades ou blessés « pourront y trouver place.

« Cette offre comprend à la fois et la literie et le personnel nécessaire pour « les soins à prodiguer.

« M. le docteur Berchoud, attaché à notre Etablissement, se fera un « plaisir de vous prêter son concours.

« Si notre offre est agréée, je serai heureux de traiter avec vous pour les « détails de l'administration.

« Dans cet espoir, je vous prie de vouloir bien agréer, etc.

« Signé : F. Paulin-Marie. »

Il ne s'agissait donc pas de créer une ambulance, car on aurait trouvé le concours le plus empressé ; il ne s'agissait pas davantage de casernement : l'autorité militaire n'avait fait, à ce moment, aucune demande et n'avait à satisfaire à aucun besoin de cette nature.

Le motif véritable de cette invasion violente, c'est la volonté insensée et coupable de détruire tous les Etablissements religieux ; c'est la résolution, arrêtée d'avance et publiée par le journal *L'Excommunié*, dans son numéro du 16 juillet 1870, d'anéantir, en particulier, tout ce qui peut contribuer à l'existence de l'Institut des Frères des Ecoles chrétiennes.

Malgré la protestation formelle qui a lieu tout d'abord, la bande chargée de l'exécution de ce véritable attentat se rend maîtresse d'une grande partie de l'immeuble ; elle retient prisonniers tous ceux qui l'habitent et se livre à la consommation des vivres et boissons, qu'elle se fait servir de force ; elle déclare qu'elle ne cessera ce mode de spoliation et ne sortira qu'autant que tous les Frères novices, vieillards et autres déguerpiront et qu'elle aura réalisé leur entière expulsion.

Le Directeur et tout son personnel restent.

Le lendemain, 29 septembre, leur détention devient plus étroite et plus dure ; les envahisseurs armés ne leur permettent plus de sortir du bâtiment lui-même.

Les propos les plus menaçants sont lancés à haute voix sous les fenêtres, dans l'intention d'intimider, et sont mêlés aux projets de partage de l'immeuble, dont chaque interlocuteur s'attribue un lot à sa convenance. Au bout de trois jours ainsi passés sous l'oppression des menaces et des consommations discrétionnaires de ces hommes coupables, la peur et la famine n'ayant pas réussi à chasser les deux cents personnes de la maison, on emploie un autre moyen d'intimidation.

On se fait délivrer l'ordre dont voici la teneur :

ÉTAT-MAJOR
de la
GARDE NATIONALE.
———

REPUBLIQUE FRANÇAISE.
———

COMITÉ DE LA GUERRE.

Ordre au citoyen Chavent de prendre une compagnie *pour expulser les Frères ignorantins de Caluire,* suivant les ordres du préfet du Rhône.

Lyon, le 1er octobre 1870.

Pour le Commandant Supérieur,

Le Chef d'État-major,

Signé : A. VEYRAT.

Le même jour, 1ᵉʳ octobre, le citoyen Chavent, accompagné de Vassel et de trois autres inconnus se présentent aux Frères. Ils renouvellent la sommation d'évacuer la maison, et comme la résistance continue, le citoyen Chavent annonce qu'il va faire arriver la garde nationale de la Croix-Rousse pour expulser de force ; mais il ne montre pas l'ordre qui n'a été connu des Frères que pendant les débats devant le tribunal.

Obtention du départ des novices à l'aide de menaces.

Le Directeur finit par céder en partie aux instances et aux menaces : il consent au départ des novices, sur la promesse qui lui est faite que les vieillards resteront.

Le lendemain, 2 octobre, les novices, au nombre de quatre-vingt-dix-huit, sortent de la maison et sont dirigés à la hâte dans toutes les directions.

La détention du reste du personnel continue et les consommations forcées ne font que croître.

Le 3 octobre, deuxième délibération du Conseil municipal de Caluire, voici son texte important à connaître :

« Le Conseil municipal resté seul, continue la présente séance.

« Sur la proposition de *plusieurs* de ses membres, il demande que les mai-

L'établissement des Frères déclaré propriété communale de Cuire et Caluire.

« sons des Frères des écoles, à Caluire, *soient déclarées propriétés communales* « et soient mises à la disposition du Comité de la Défense nationale *pendant* « *la guerre.*

Conservation provisoire des vieillards et infirmes.

« Les Frères vieillards ou infirmes resteront dans la maison *jusqu'à ce qu'on* « *ait trouvé un autre asile plus convenable.* »

Inventaire dans l'intérêt de la prise de possession communale.

« Une commission est nommée pour faire *l'inventaire du mobilier dans les-* « *dites maisons.*

Cette commission est composée des citoyens Crassard, Montfalcon et Perron.

Vingt membres sont présents. Douze seulement signent.

Le même jour, 3 octobre. — Lettre du Frère-Directeur, au maire Vassel.

— Il lui annonce qu'il n'a plus que des vieillards et des infirmes, et les Frères nécessaires pour les soigner, il ajoute :

<table>
<tr><td>Demande du Frère Directeur pour la cessation des extorsions de vivres, restée sans effet.</td><td>« Je vous prie de vouloir bien donner des ordres en conséquence aux « hommes du poste, relativement à leur nourriture que je suis dans l'impossi-« bilité de leur fournir à l'avenir. »</td></tr>
</table>

La bande armée continue donc à se faire nourrir. Elle a, parait-il, épuisé une grande partie des provisions.

Le maire Vassel répond, le 4 octobre :

« Monsieur le Directeur,

« J'ai l'honneur de vous informer, en réponse à votre lettre du 3 octobre, « qu'il ne m'appartient pas de revenir sur les ordres qui m'ont été donnés au « sujet de votre établissement. D'après les communications qui m'ont été faites « les vieillards y resteront jusqu'à ce que l'autorité supérieure ait trouvé une « autre retraite convenable pour les placer.

« D'ailleurs votre maison ayant été mise à la disposition du Comité de la « Défense nationale jusqu'à la fin de la guerre, c'est à ce Comité que vous de-« vez vous adresser pour obtenir, soit d'y séjourner plus longtemps, soit de le « transformer immédiatement en ambulance.
« Salut et fraternité.

« *Le Maire provisoire de Caluire,*

« VASSEL A. »

Deux jours après, le même Vassel sollicitait et obtenait du préfet Challemel-Lacour, l'autorisation d'expulser les Frères de leur maison. En même temps la commission nommée par le Conseil municipal se présentait pour dresser l'inventaire du mobilier de cette prétendue propriété communale. Le Frère-Directeur lui remettait la protestation suivante ;

« L'ordre des Frères des écoles chrétiennes ayant été légalement reconnu « aux dates du mois de septembre 1724 et 17 mars 1808, ne peut être classé « dans la catégorie des congrégations religieuses non-autorisées, et, par suite, « les établissements et le matériel qui les composent, ne sauraient être placés « sous le sequestre.

« La délibération du Conseil municipal de Lyon, approuvée par M. le « Préfet du Rhône, énonce d'une manière expresse que la mesure ne doit « être appliquée qu'aux sociétés religieuses non reconnues ou autorisées.

« En conséquence, au nom de la Communauté des Frères des Ecoles chré-« tiennes, je, Frère Paulin-Marie, son représentant à Caluire, proteste éner-« giquement contre toute violation de domicile, mise sous scellés, inventaire, « etc., et ne cède qu'à la force brutale et ce n'est que comme contraint et forcé « que je subis ou subirai les mesures dont je suis menacé. Je fais, au nom de « la Communauté, les réserves les plus expresses de répéter contre la com-« mune de Caluire et tous autres, telles indemnités que de droit, à raison du « préjudice causé à ce jour, et de celui qui serait éprouvé dans l'avenir.

« Enfin, en ma qualité de mandataire verbal de MM. Mathieu, Bransiet et « Amé-Joseph-Guillaume Dugave, seuls propriétaires des bâtiments et terrains « sur lesquels reposent l'établissement de Caluire, je proteste à raison de la « violation de la propriété, qui, ne se trouvant pas placée dans les zones mi-« litaires, ne peut être occupée pour les besoins de la défense nationale. Que, « si la commune ou l'Etat veut s'emparer de la propriété, il faut préalable-« ment recourir à la mesure d'expropriation pour cause d'utilité publique et « payer l'indemnité qui serait déterminée par le jury.

Caluire, 6 octobre 1870.

« Frère Paulin-Marie. »

Cette pièce, de forme si modérée qui signalait la violation de la propriété et le préjudice déjà éprouvé annonçait l'intention d'être indemnisé par la commune ou tous autres, à raison de ces faits irrita Vassel qui adressa aussitôt au préfet Challemel-Lacour, la supplique suivante où le burlesque se mêle à l'odieux.

« Nous, Maire de Caluire,

« Vu la protestation accompagnée de *paroles menaçantes*, du frère Paulin-« Marie, directeur de la maison des Frères sur ma commune, contre l'inven-« taire, que, par décision du Conseil nous nous proposions de faire du mobilier « et provisions dudit établissement, je demande au citoyen Préfet du Rhône « l'autorisation formel (*sic*) de procéder immédiatement à l'expulsion de ces « *messieurs* et l'ordre de conduire les dix ou douze vieillard (*sic*) qui s'y trou-« vent, soit à la Charité, soit aux Anticailles (*sic*) aux frais de la commune, « *notre intention étant de mettre l'établissement à la disposition de la défense* « national (*sic*) *pour la* (sic) *convertir soit en ambulance soit en caserne*, de « *faire une distribution régulière des provisions* aux bureaux de bienfaisance « de la commune, provisions qui consistent en riz, haricots, pommes de terre, « etc... Les vins seront vendus au profit des mêmes bureaux, afin d'éviter « toute dilapidation. Ces messieurs font écrire dans leurs journaux que nous « les avons expulsés brutalement, ne leur ayant donné que cinq quarts d'heu-« res (*sic*), tandis que la décision du Conseil, leur a été signifiée le 28 septembre, « écoulé, et qu'ils sont encore tous parfaitement tranquil (*sic*) dans leur maison. « Les novices *seul* (sic) *étaient partis volontairement*. Notre décision du « 27 septembre étant approuvée par le citoyen Challemel-Lacour, je le prie « de m'autoriser à agir comme je le demande.

> « Caluire, 6 octobre 1870.
>
> « Signé : Vassel A. »

Au bas est écrit :

« Autorisation est donnée de conduire les vieillards et les infirmes restés dans « la maison des frères de Caluire, à la Charité ou à l'Antiquaille, où ils seront « entretenus aux frais de la commune.

> « Signé : Challemel-Lacour. »

Après semblable autorisation la résistance devenait impossible.

Le 8 octobre, deux jours après, les mêmes hommes, assistés de la même force, procédaient à l'expulsion de trente ou quarante vieillards qui étaient là.

Point d'asile assuré. Leur conservation, l'asile convenable qui leur avaient été promis, rien n'était accordé.

Expulsion brutale des infirmes et vieillards. Les incidents les plus douloureux se produisirent pour cette expulsion aussi inhumaine que scandaleuse.

Le frère Savigny, ancien assistant du Supérieur général et âgé de 79 ans, était très-malade. On l'arrache de force à son lit de douleur, c'est avec la plus grande peine que l'aumônier obtient qu'on le transporte chez lui. Trois jours après il y meurt.

Un autre frère âgé n'a plus l'intégrité de ses facultés mentales. Au milieu du tumulte il disparaît. Au bout d'un certain temps il est retrouvé sur la place des Terreaux où la commisération publique lui cherche un gîte.

Le plus grand nombre est mis dans deux voitures qu'on dirige sur l'hospice de la Charité.

A leur arrivée absolument imprévue, on hésite à recevoir ces hommes qu'un véritable brigandage venait de priver d'asile, mais les scrupules et les règles administratives se taisent et on les accueille avec égards. Quelques semaines plus tard le Frère Directeur meurt des suites des émotions éprouvées.

Installation de Denis Brack dans l'établissement des Frères en qualité de régisseur au nom de la Commune. Le 8 octobre, la voiture qui avait emporté les vieillards et infirmes ramène à l'établissement de Caluire le sieur Denis Brack qui s'installe comme régisseur, au nom de la commune, et avec une femme qu'il dit être la sienne.

Pendant les dix jours qui viennent de s'écouler, *invasion violente* de la propriété, détention illégale des Frères, consommations forcées par trente ou quarante hommes armés ou non; départ des Novices sous l'empire des menaces, enfin, expulsion brutale des vieillards et des infirmes : tels sont les attentats accomplis pendant cette première période.

Une seconde commence alors, c'est celle du pillage sur une large échelle.

Aussitôt après l'expulsion des Frères et la présence de Denis Brack, au nom de la commune de Caluire, la maison est envahie par des groupes nombreux et sans armes, qui, pour jouir de la propriété communale, emportent tout ce qui est à leur convenance. Ceux-ci s'emparent des chars, charrettes et animaux destinés à les traîner; d'autres préfèrent les porcs vivants, qui, bientôt après dépécés, sont vendus dans leur boutique voisine; ceux-ci enlèvent les confitures ou conserves, qui regorgent jusque dans le village de Rilieux; ceux-là s'approprient les trousseaux des Novices, les étoffes de laine ou de coton; ceux-là, les ustensiles mobiliers divers, les vins, les farines, les grains, etc. D'après l'expert commis, avant l'inventaire dressé par le sieur Guelle, le 8 octobre 1870, la valeur des objets pillés s'élève à 21,492 fr. 36; les dégâts aux objets mobiliers ou provisions enlevées, qui avaient été compris dans l'inventaire du commissaire Guelle, à 53,763 fr. 61, en tout 75,256 fr. 97.

Ces chiffres ne donnent, du reste, qu'une idée incomplète du pillage pendant les dix premiers jours et, après cela, pendant plusieurs jours encore.

Nouvelle délibération du Conseil municipal de Caluire, le 9 octobre.

On y lit :

« Le Maire explique ce qui suit :

« D'après les instructions spéciales de M. le Préfet du Rhône, commissaire
« extraordinaire de la République, il a fait conduire, avec tous les soins
« nécessaires, soit à l'hospice de la Charité de Lyon, soit à l'hospice de
« l'Antiquaille, pour y être soignés aux frais de la commune, les vieillards,
« les malades ou infirmes qui restaient dans *l'ancien Etablissement* des Frères
« des Ecoles, *aujourd'hui propriété communale*, et il *a pris possession défini-*
« *tive de cet Etablissement.*

« L'inventaire des objets mobiliers, prescrit par la délibération du Conseil
« du 3 octobre courant, a été commencé, mais n'a pu être achevé, la com-
« mission municipale ayant déclaré qu'il y avait impossibilité matérielle de
« faire ledit inventaire dans un bref délai, sans le concours d'hommes spé-
« ciaux. Cet inventaire sera fait par le concours d'un commissaire-priseur.

« Les scellés ont, en conséquence, été apposés par les soins du Maire,
« assisté de ladite commission, soit aux portes des caves et appartements,
« soit aux armoires et placards.

Délibération qui décide la vente des provisions et récoltes des Frères.

« Ensuite de ces explications, M. le Maire demande au Conseil de prendre
« une décision au sujet de la destination à donner aux provisions, aux
« récoltes sur pied trouvées dans l'Etablissement dont il s'agit.

« Il fait observer qu'il y a lieu aussi d'arriver au moyen de payer les
« dépenses faites ou à faire, soit pour l'expulsion des Frères, soit pour la
« garde de la propriété.

« Le Conseil, ouï les explications et les observations qui précèdent :

« Considérant qu'il importe de prendre toutes les mesures qui paraîtront
« convenables *pour sauvegarder la responsabilité de la commune dans la*
« *circonstance*, prend les décisions suivantes :

« 1° Les récoltes pendantes ou sur pied, provisions trouvées dans *l'an-*
« *cienne* propriété des Frères à Caluire, *aujourd'hui propriété communale*,
« seront vendues aux enchères publiques, par le ministère d'un commissaire-
« priseur, en présence du Maire, de deux Conseillers municipaux et du
« Receveur municipal de la commune.

« Tout ce qui concerne la literie sera conservé, la maison *devant être mise*
« *à la disposition* du Comité de la guerre, pour en faire *une caserne ou une*
« *ambulance pendant la guerre.*

Décision pour l'emploi du prix des provisions et récoltes.

« 2° Le produit de cette vente, prélèvement fait des dépenses faites ou à
« faire, soit pour l'expulsion des Frères, soit pour la garde de la propriété,
« *sera employé aux œuvres de bienfaisance* qui seront déterminées ultérieure-
« ment par le Conseil municipal.

« La présente délibération sera soumise à l'approbation de M. le Préfet du
« Rhône, commissaire extraordinaire de la République, avant de recevoir son
« exécution. »

Vingt membres présents ; trois signatures seulement au registre : celles de
Pierret, Crassard et Milliet.

Remarquons que ces ventes de récoltes et de provisions ont produit en tout
5,268 fr. 85, ce qui démontre combien le pillage antérieur avait été consi-
dérable.

Approbation doit être demandée au Préfet ; cette approbation fut-elle demandée et obtenue ? On ne peut l'établir.

L'exécution de la délibération fut néanmoins immédiate, car une affiche, portant la date du 10 octobre, fut apposée le lendemain et annonça la vente dont il s'agit. Seulement il n'y est plus question du Receveur municipal, et voici pourquoi :

L'honorable M. Lacombe, percepteur, fut convoqué par Vassel ; mais sa

probité et sa fermeté dans le devoir le firent protester contre de pareils actes et déclarer qu'il ne participerait en rien à cette spoliation.

Le Garde champêtre de la commune ne put faire taire son indignation d'honnête homme ; il fit des observations critiques et ne tarda pas à être révoqué.

Enfin, le Secrétaire de la Mairie blâma ces mesures indignes : il fut bientôt obligé de quitter son poste.

Ce brigandage organisé ne pouvait donc se faire illusion sur le véritable caractère de ses actes.

Les Frères étant avertis par l'affiche des nouvelles spoliations qui allaient s'accomplir, le Directeur adressa, le 13 octobre, une protestation au Préfet Challemel-Lacour ; en voici le texte :

« Monsieur le Préfet,

« Par divers arrêtés, la municipalité provisoire de Caluire a ordonné
« *l'expulsion des Frères des Ecoles chrétiennes* d'une maison qu'ils possèdent
« sur le territoire de cette commune, *la confiscation de cet immeuble et la mise*
« *en vente* d'une partie du mobilier.

« Tous ces arrêtés, à l'exception de celui de la vente annoncée pour
« samedi prochain, ont été exécutés *sous le couvert de votre approbation et*
« *de votre signature.*

« Je veux croire, Monsieur le Préfet, que vous avez été induit en erreur,
« lorsque vous avez autorisé ces décisions, qui portent atteinte au droit de

« propriété, à la liberté du domicile et des personnes. C'est pourquoi je crois
« devoir vous renseigner officiellement sur la situation :

« 1° L'Institut des Frères des Ecoles chrétiennes est reconnu par une
« ordonnance de 1721 et un décret de 1808 : il est, dès lors, personne civile
« capable d'acquérir et de posséder. L'arrêté du Comité de salut public, qui
« place sous séquestre les biens des communautés *non reconnues*, ne serait
« pas même applicable s'il était légitime.

« 2° L'Etablissement de Caluire n'est pas affecté aux écoles communales :
« c'est un noviciat et une maison de retraite. La décision prononçant sup-
« pression de l'enseignement congréganiste dans les écoles communales ne
« peut donc l'atteindre en aucune manière.

« 3° Les nécessités du moment ne peuvent pas non plus justifier les
« mesures arbitraires et despotiques dont je me plains ; ces mesures étaient
« inutiles à tous égards, car, depuis le 25 août, j'ai offert cinquante lits pour
« les blessés ; les médicaments nécessaires et le personnel de la maison
« avaient été mis à la disposition du Comité de secours. Au surplus, pour
« faire une réquisition, il n'est pas nécessaire de recourir à une expulsion,
« encore moins à une expropriation.

« Ces faits vous étant signalés, vous pourrez apprécier, Monsieur le Préfet,
« les arrêtés de la municipalité de Caluire ; toutes les mesures ordonnées
« sont non-seulement illégales, mais aussi contraires à l'intérêt public,
« puisque l'ambulance offerte par nous a été détruite.
« La nomination par M. le Maire d'un Directeur provisoire, qui s'y est
« immédiatement installé avec sa femme, et *la soustraction déjà consommée*
« *d'une partie notable des provisions et du mobilier* font suffisamment con-
« naître le but poursuivi par l'instigateur de ces violences.
« En protestant suivant les formes légales, j'ai voulu réserver tous mes
« droits, je me borne donc aujourd'hui, Monsieur le Préfet, à demander votre

« appui pour me réintégrer dans le domicile dont j'ai été arbitrairement
« expulsé.

    « Daignez agréer, etc.

> « *Le Directeur de l'établissement des Frères*
> « *des Écoles Chrétiennes du Caluire,*
> « en ce moment montée St-Barthélemy,
>
> « Frère PAULIN-MARIE. »

Aucune réponse n'ayant été faite à cette demande, les Frères, le 14 octobre, firent signifier aux 23 Conseillers municipaux de Caluire, une sommation d'avoir à s'abstenir de procéder à la vente annoncée, leur déclarant qu'ils les rendaient personnellement responsables.

Sommation aux conseillers municipaux de s'abstenir des ventes.

Le même jour défense fut faite à leur requête, à tous les commissaires-priseurs de Lyon, de prêter leur ministère aux ventes annoncées, avec assignation en référé desdits commissaires. A la même date procès-verbal de constatation fut dressé par l'huissier Borgat.

Défense aux commissaires-priseurs.

Constatation de l'huissier Borgat.

Après ces actes, le Conseil municipal de Caluire, qui devint] inquiet, prit deux délibérations. La première, du 15 octobre, ajourne les ventes et nomme deux capitaines de la garde nationale pour veiller à la conservation des provisions et des récoltes. C'était trop tard.

Délibération qui ajourne la vente.

L'autre, du 16 octobre, mérite une attention particulière. L'un des conseillers, nommé Brunier, proteste contre ce qui a eu lieu chez les Frères, et treize membres appuient sa protestation, en déclinant toute responsabilité personnelle à l'occasion de ce qui s'est passé du 9 au 15 octobre chez les Frères.

Délibération où 14 conseillers déclinent la responsabilité des faits accomplis chez les Frères.

Vassel explique qu'il n'a agi que par suite des ordres de l'autorité supérieure. Il déclare qu'il *va faire de nouvelles démarches* pour que l'administration prenne possession de l'Etablissement au nom dn Comité de la Défense nationale et *pour que décharge complète soit assurée à la commune.*

Promesse de Vassel de faire des démarches pour la décharge de la Commune.

Les démarches de Vassel aboutissent enfin, et au bout de trois jours, il finit par obtenir que des troupes irrégulières soient envoyées à l'établissement de Caluire.

C'est le 19 octobre que des francs-tireurs des Vosges arrivent dans cette maison et qu'ordre est donné au capitaine Bellicart de retirer la garde nationale ayant occupé jusqu'alors cet immeuble.

Le gouverneur Denis Brack y reste en qualité de directeur, au nom de la commune.

Cette seconde période a duré onze jours, du 8 au 19 octobre. Pendant sa durée, prise de possession définitive par la commune.

Pillages considérables, tentative d'inventaire non-contradictoire, décision et vente aux enchères des récoltes et des provisions non pillées, protestation du frère Directeur adressée au préfet Challemel-Lacour, restant sans réponse et sans effet. Sommation aux conseillers municipaux pour les rendre responsables des ventes annoncées. Défense aux commissaires-priseurs de prêter leur ministère. Délibération des conseillers municipaux dont la majorité déclinent la responsabilité de ce qui a eu lieu chez les Frères.

Déclaration de Vassel qu'il fera des démarches pour que l'Administration, en prenant possession de l'établissement, décharge la commune.

Le 19 octobre les francs-tireurs, sollicités et enfin obtenus, arrivent dans la maison. La garde nationale se retire.

Denis Brack reste en qualité de directeur au nom de la commune.

Voilà le résumé des faits de cette seconde période.

Celle qui commence ensuite s'étend j'usqu'en janvier 1871, époque du départ des troupes irrégulières de l'établissement.

Elle comprend environ deux mois, et voici les principaux faits qui se produisent pendant sa durée :

Les Frères assignent le maire Vassel en référé pour que les ventes des récoltes et des provisions soient interdites, le 19 octobre 1870.

Vassel fait défaut, et le 22 octobre 1870, une ordonnance est rendue par M. Giraud, remplissant les fonctions de président du tribunal.

Cet honorable et courageux magistrat, en présence des titres de propriété des Frères et des faits qui lui sont révélés, ne se laisse ni émouvoir ni égarer : il rend l'ordonnance suivante, premier acte de justice qui apparaît au milieu des attentats de Caluire :

« Disons et prononçons qu'il est interdit à M. le maire de la commune de
« Caluire de faire procéder à la vente dont il s'agit jusqu'à ce qu'il ait été sta-
« tué sur la question de propriété ; en conséquence, que défenses sont faites à
« messieurs les commissaires-priseurs, ainsi qu'à tous autres officiers ministé-
« riels, de procéder à cette vente ;

« Donnons acte aux concluants tant de leur renonciation à la demande
« incidente, que des réserves de tous leurs droits et actions pour réclamer
« tous dommages et indemnités. »

Vassel ne s'arrêta pas devant cette décision qu'il connut le jour même, quoiqu'elle ne lui ait notifiée que le 4 novembre. Lors de la notification, l'huissier, trouve à la mairie, le secrétaire Dantin, qui répond que M. Vassel la prévenu de cette signification à lui en joint, de refuser la copie et de laisser viser l'original, l'adjoin Pierrot, refusu aussi la copie.

Il s'adresse aussitôt au préfet Challemel-Lacour, qui prend l'arrêté suivant, à la date du 28 octobre pour autoriser ce qui vient d'être défendu par la justice :

« Le préfet du Rhône, commissaire extraordinaire de la République ;

« Vu la délibération en date du 27 septembre dernier, par laquelle le Conseil
« municipal de Caluire a ordonné, *dans l'intérêt de l'ordre public, l'expulsion*
« *des Frères de la Doctrine Chrétienne de leur établissement de Caluire*, et a
« décidé que cet établissement serait converti en ambulance ou caserne ;

« Vu l'inventaire de tous les objets renfermés dans cet établissement dressé
« par le commissaire-priseur Léon Guelle ;

« Considérant, que les farines, grains, fourrages et autres objets périssables,
« dépendant de la maison dont il s'agit, se détériorent et qu'il y a lieu de *pro-*
« *céder d'urgence* à la vente de ces objets, comme aussi *de mettre en lieu sûr*
« tous les autres objets qui ne se consomment pas par premier usage ;

Arrête :

« Art. 1ᵉʳ. — Le maire de Caluire et Cuire est autorisé à procéder à la

3

« vente des animaux, farines, grains, fourrages, vins, huiles, légumes et fruits
« qui se trouvent actuellement dans l'établissement de Frères de la Doctrine
« chrétienne de Caluire. »

Confiscation par voie
administrative.

« Les fonds provenant de la vente seront déposés à la Trésorerie générale
« *pour être appliqués aux dépenses de la défense nationale*;

« Art. 2. — Les objets sacerdotaux *seront annexés* et déposés dans un
« local de la préfecture affecté à ce sujet;

« Art. 3. — Monsieur le maire est chargé d'assurer l'exécution du présent
« arrêté.

« Lyon, le 28 octobre 1870.

« *Le Préfet du Rhône, commissaire-extraor-*
« *dinaire de la République,*

« Signé : CHALLEMEL-LACOUR. »

Il importe de remarquer le moment où est pris cet arrêté : six jours après
l'ordonnance du président du tribunal.

Il faut retenir aussi qu'il donne une nouvelle approbation à la délibération
municipale du 27 septembre 1870;

Qu'il constate le véritable sens de cette délibération en disant qu'elle a
ordonné *dans l'intérêt de l'ordre public, l'expulsion des Frères de la doctrine
chrétienne, de leur établissement de Caluire* et la transformation dudit établissement en ambulance ou en caserne;

Qu'il reconnait que les objets qui ne se consomment pas ont besoin d'être
mis en lieu sûr et que par conséquent, la maison n'est pas ce lieu;

Enfin qu'il prononce une nouvelle spoliation, en disposant du prix de vente
des provisions et récoltes des Frères pour les dépenses de la Défense nationale.

Nouvelle affiche pour
la vente des provi-
sions et récoltes.

Le 26 octobre, sommation par les Frères, d'avoir a laissé prendre copie de
l'inventaire Guelle, Pierrot refuse de recevoir la copie. 29 octobre, une nouvelle affiche est placardée par Vassel pour annoncer la vente aux enchères
publiques; il n'y est plus question du receveur municipal, il a protesté.

Les commissaires-priseurs ne sont plus indiqués, ils obéissent à la défense de justice.

La présence de conseillers municipaux est seule promise.

Une note dont les énonciations ont toutes les apparences de la vérité, constate que le 30 octobre et les jours suivants on a vendu à l'amiable, en présence des citoyens Vassel (André) maire de la commune de Caluire, Denis Brack, directeur de l'établissement, Rivière aîné, Razuret et Pierrot, tous trois membres du Conseil municipal de Caluire, et que cette vente a produit un chiffre de 5,268 fr. 85 c.

Produit des ventes illicites.

Il n'y aurait donc pas eu d'enchères et on aurait vendu amiablement en plusieurs séances.

Du reste, la somme n'a jamais été déposée à la Trésorerie générale, comme le prescrivait l'arrêté : 4,000 francs ont été versés par Vassel dans les mains du Comité démocratique des citoyennes lyonnaises, sous le patronage de la loge de la Croix-Rousse. Une lettre du 19 décembre 1870, signé Gomot, a autorisé ce versement et reçu en a été donné le 23 décembre 1870, par la trésorière qui signe Marie Duguerry.

Emploi de ces prix de vente.

Par délibération du 26 décembre 1870, le Conseil municipal de Caluire, vu la lettre de Mme Vassel qui demande à pouvoir disposer d'une somme de 288 fr. 75 c. pour l'employer en bonnes œuvres, considérant que ce reliquat provient d'une somme de 4,283 fr. 75 c., produit des ventes faites dans le noviciat des frères du Caluire, adopte à l'unanimité la demande. La note parle de 5,268 fr. 85 c., la délibération de 4,283 fr. 75 c., ces chiffres ne sont pas semblables. Quoiqu'il en soit voilà l'emploi de ce qui appartient aux Frères !

Le 15 décembre le préfet Challemel-Lacour prend un nouvel arrêté important, en voici la teneur :

Arrêté du préfet Challemel-Lacour qui autorise Vassel à affermer les prés, vignes et jardin des Frères.

« Le Préfet du Rhône, commissaire extraordinaire de la République,

« Autorise le citoyen Vassel, maire de Caluire et Cuire à prendre toutes « les mesures qu'il jugera convenable pour gérer *l'ex-propriété des Frères de* « *la Doctrine chrétienne, à Caluire, et à affermer, en partie ou en totalité, les*

Emploi des revenus à obtenir.

« *terrains dépendant dudit établissement* et consistant en *vignes, prés et*
« *jardins.*

« Les fonds provenant de ces revenus seront déposés à la Trésorerie géné-
« rale, *pour être appliqués aux dépenses de la Défense nationale;*

« Le citoyen Vassel est en outre, autorisé à pourvoir, s'il y a lieu, au rem-

Administration de l'ex-propriété des Frères.

« placement du directeur actuel de l'établissement et à choisir les employés
« nécessaires à *l'exploitation,* comme aussi à fixer leurs appointements; *ces*
« *employés devront être soumis à notre agrément.*

« M. Vassel devra nous rendre compte de toutes ses opérations.

« Lyon, 15 décembre 1870. »

Ainsi le préfet Challemel-Lacour organise l'administration de l'immeuble
qu'il désigne sous le nom de *l'ex-propriété des Frères ;*

Il autorise la ferme en tout ou en partie des terrains, vignes, prés et jardins ;
il y en a treize hectares.

Comment ces treize hectares peuvent-ils être nécessaires à une ambulance
ou à un logement de troupes ?

Dans l'hypothèse absolument inadmissible d'une réquisition, pourquoi la
prise de possession de ce vaste enclos, de ses récoltes diverses et de ses produits à venir ?

Le régime appliqué à cet immeuble mérite l'attention.

Les fonds à en retirer seront appliqués aux dépenses de la défense nationale par décision du préfet.

Le citoyen Vassel affermera, gérera, etc.; il aura le droit de remplacer le
directeur de l'immeuble, et de choisir les employés et défixer leurs appointements.

Les employés devront être agréés par le préfet, auquel Vassel rendra
compte de toutes ses opérations.

Quel mépris de tous les droits de propriété ! quelle violation de toutes les
règles de l'honnêteté ! Voilà comment M. Challemel-Lacour répond à la protestation des Frères, en date du 13 octobre.

Le 20 décembre 1870, le commandant Arnaud est assassiné à la Croix-

Rousse ; le directeur de l'immeuble de Caluire, Denis Brack, impliqué dans cet abominable forfait, prend la fuite.

Son ami Vassel, le même jour, 20 décembre, lui nomme pour successeur le citoyen Rivière (Benoît), membre du conseil municipal ; il déclare que Denis Brack est démissionnaire : fixe les appointements de Rivière (Benoît) à 250 francs par mois tout compris.

Cet espèce d'arrêté se termine ainsi :

« Le directeur *démissionnaire devra déclarer* que beaucoup d'objets ont « disparu pendant sa gestion, tels que : couvertures, linge emporté par les « Guérillas, Francs-Tireurs et les Mobiles ; que des tables, bancs et autres « objets mobiliers ont été brûlés pendant les grands froids.

« Signé : Vassel. »

Il s'agit, comme on le voit, de rejeter sur les Guérillas, Francs-Tireurs et autres, les pillages et destructions ; il est vrai que ces hommes, sans moralité et sans discipline, causèrent divers dégâts ; qu'ils brûlèrent des tables, des bancs et d'autres bois. Mais quand ils avaient été amenés à Caluire par les démarches de Vassel, les pillages les plus importants étaient consommés ; vainement il essaie de faire croire qu'ils sont de leur fait !

Cette nomination de Benoît Rivière, directeur, a lieu conformément à l'arrêté du préfet Challemel-Lacour, du 15 décembre.

Ce même arrêté reçoit une autre exécution importante ! Vassel divise les treize hectares de la propriété des Frères et les afferme à onze habitants de Caluire, qui n'hésitent pas à consentir ces baux attentatoires.

Ainsi, pendant les deux mois de la troisième période :

Ordonnance de référé du 22 octobre, qui interdit la vente des provisions et récoltes des Frères.

Arrêté du 28 octobre du préfet Challemel-Lacour, qui autorise cette même vente ; sanctionne de nouveau l'expulsion des Frères ; dispose du prix à obtenir de leurs biens mobiliers :

Vente amiable pendant plusieurs jours, à partir du 30 septembre, par Vassel, en présence de ses principaux coopérateurs.

Prix de 5,268 fr. 80 c. appliqué en dehors des prescriptions de l'arrêté du 28 octobre.

Arrêté du 15 décembre du préfet Challemel-Lacour, consacrant la violation de la propriété en autorisant sa gestion sous sa surveillance et la mise à ferme des prés, vignes et jardins ; renouvelant aussi la main mise illicite sur les fonds à provenir de ces baux scandaleux.

Exécution de cet arrêté par la nomination de Benoit Rivière, en remplacement de Denis Brack et par les baux consentis à onze fermiers.

Evacution de la maison par les troupes irrégulières.

Au commencement de janvier, les troupes irrégulières ayant définitivement abandonné l'Etablissement, le préfet le met à la disposition du général commandant le camp de Sathonay. Celui-ci charge un officier du génie à titre auxiliaire, M. l'architecte Franchet, de prendre des mesures pour l'occuper.

Le génie militaire se prépare à l'occuper.

Une lettre du 23 janvier 1871, adressée au régisseur de l'immeuble, par M. Franchet, lui demande de recevoir son représentant.

Non occupation par le Génie.

Quelques travaux d'aménagement sont faits, néanmoins l'immeuble n'est pas occupé par le génie.

Ordre du Ministre de la guerre pour la restitution de l'immeuble transmis au maire Vassel.

Deux mois après, le 27 mars, une lettre d'un nouveau préfet, M. Valentin, fait connaître au maire de Caluire « que le ministre de la guerre a décidé « qu'il n'y aurait plus de troupes logées *dans l'Etablissement des Frères*, et « que cet *Etablissement doit être restitué à ses propriétaires*. »

L'Etat, représenté par le ministre de la guerre, n'admet qu'un fait : le logement militaire depuis le 19 octobre.

Il voit toujours à Caluire un Etablissement des Frères, qu'il se garde bien d'appeler *l'ex-propriété des Frères*.

Il va plus loin, il décide que cet Etablissement doit être restitué à ses propriétaires.

Inexécution de cet ordre.

Le maire Vassel en juge autrement, il ne restitue rien, parce qu'il a fait de cet immeuble une propriété communale avec le concours du préfet Challemel-Lacour.

Benoît Rivière, le régisseur, continue donc à détenir la maison au nom de la commune.

Les Frères sont alors forcés de recourir de nouveau aux poursuites judiciaires.

Ils font citer en référé la commune de Caluire, représentée par le maire Vassel, le département du Rhône et l'Etat français pour faire prononcer : 1° qu'ils sont autorisés par provision à reprendre possession de toute la propriété leur appartenant à Caluire : en conséquence, que tous occupants seront expulsés; 2° qu'un expert est nommé d'office pour constater les dommages de toute nature.

Le 28 mars, ordonnance de M. le Président du Tribunal, qui dispose que trois jours après la signification qui en sera faite, les Frères sont autorisés à se remettre en possession de la propriété leur appartenant, et à faire expulser tous occupants, même par la force armée.

Nomination de M. Bissuel, architecte, pour les constatations et estimations requises.

Cette ordonnance est signifiée le 12 avril 1871, dans les bureaux de la mairie, au sieur Pierrot, adjoint, qui refuse formellement de recevoir copie et de signer, par le motif qu'il a reçu des instructions expresses de M. le Maire de Caluire, pour ne pas *s'immiscer dans l'affaire* des Frères, qui regarde la préfecture du Rhône seule, de laquelle émanent tous les ordres et décisions ayant trait à cette propriété.

Le sieur Pierrot résiste donc encore, en essayant de se retrancher derrière la préfecture.

Cinq jours après le 19 avril, l'huissier Borgat, agissant à la requête des Frères, se rend à l'immeuble de Caluire pour exécuter l'ordonnance, il y trouve encore le sieur Rivière (Benoît), qui se dit directeur de l'Etablissement, nommé par le maire Vassel, avec approbation du préfet. Rivière, sur la sommation qu'il lui est faite, déclare qu'il est prêt à cesser ses fonctions;

mais que tous les terrains de la propriété ont été affermés à onze personnes, dont il donne les noms et qu'il se refuse d'expulser.

Le 22 avril, assignation en référé des onze fermiers, pour voir dire qu'ils seront expulsés immédiatement.

Le 25 avril, nouvelle ordonnance de M. le Président, qui, statuant par provision, vu l'urgence, décide que, dans les trois jours du prononcé, les fermiers délaisseront aux Frères les terrains qu'ils occupent.

Cette ordonnance est signifiée à deux défaillants, le 4 mai 1871.

Le 8 mai, procès-verbal d'expulsion dressé par le même huissier Borgat, et reprise de possession de leur propriété par les Frères, après un envahissement et une occupation commencée le 28 septembre 1870.

Pendant ces sept mois, la municipalité de Caluire a occupé l'immeuble sans aucune interruption, tantôt par ses hommes armés ou non, tantôt par un homme à sa discrétion, agissant comme directeur et administrateur en son nom.

Pendant la quatrième période, les faits importants à signaler sont donc les suivants :

Décision du Ministre de la Guerre, qui fait cesser tout logement militaire et restitue l'Etablissement de Caluire à ses propriétaires ;

Cet ordre méconnu par Vassel, maire de Caluire ;

Ordonnance de référé du 8 mars 1871, qui autorise les Frères à reprendre possession et à expulser les occupants ;

Nomination d'un expert pour constater les dégâts et les pertes ;

Le 19 avril, les terrains sont encore occupés par onze fermiers ;

Nouvelle ordonnance du 25 avril, qui les expulse ;

Enfin, 8 mai, rentrée des Frères dans leur propriété, purgée de tous les envahisseurs, qui l'ont détenue, pillée et dévastée de la manière la plus coupable.

A raison de ces faits, MM. Dugave et Bransiet ont assigné, après les formalités voulues, la commune de Caluire, M. Challemel-Lacour, les Conseillers municipaux *ut singuli*, le département du Rhône et l'Etat français ;

Pour obtenir réparation des dommages éprouvés par eux, quant à leurs personnes et à leurs biens.

Jugement du 19 juin 1872.

L'affaire, soumise à la première chambre du Tribunal de Lyon, a été l'objet d'un jugement fortement motivé, à la date du 19 juin 1872.

Appel.

La commune de Caluire, M. Challemel-Lacour, les Conseillers municipaux, les sieurs Brunier et Rivière ont interjeté appel.

Arrêt de sursis du 30 juillet 1873.

La Cour de Lyon, à la date du 30 juillet 1873, a rendu un arrêt dont voici le dispositif :

« La Cour, tous droits et moyens réservés, ainsi que les dépens, surseoit
« à statuer pendant six mois, à partir de la prononciation du présent arrêt,
« dit que, pendant ce temps, les demandeurs ou la partie la plus diligente
« feront décider si, le 28 septembre 1870, Challemel-Lacour a engagé l'Etat
« par ses actes et dans quelle mesure il l'a engagé. »

Les six mois étant écoulés, la Cour est appelée à statuer sur les appels dont elle est saisie.

Les principaux adversaires des Frères, dans ce procès, emploient les mêmes moyens pour demander à la Cour de mettre à néant le jugement du 19 juin 1872.

Ils commencent par invoquer l'arrêt de sursis, rendu à la date du 30 juillet 1873.

L'un d'eux prétend qu'il a préjugé le procès en décidant que l'Etat serait mis en cause, et que les Frères, n'ayant rien fait, tous doivent, dores et déjà, voir leurs conclusions repoussées.

Un autre soutient qu'il n'a pas été tenu compte de l'arrêt ; que l'avis du Ministre de l'intérieur, rapporté par les Frères, visant des faits de violence étrangers au Préfet, et n'étant pas, d'ailleurs, une véritable décision, doit être considéré comme un document sans valeur.

Un troisième ajoute que les Frères seuls étaient tenus de s'adresser au Conseil d'Etat ; car, les Conseillers municipaux et le Préfet n'avaient pas à faire décider qu'ils avaient agi conformément à leurs pouvoirs, la possession de légalité était en leur faveur.

Ils soutiennent tous :

Au fond,

Que la loi du 10 vendémiaire an iv, est inapplicable, parce que c'est l'Etat, ou pouvoir central, qui a tout fait et qui doit être tenu des réparations civiles ou indemnités, s'il en est dû.

Que le jugement du Tribunal de Lyon a faussement apprécié les faits, et mal à propos appliqué la loi de vendémiaire, qu'il doit être réformé.

MM. Dugave et Paget, en leur nom et au nom des Frères, soutiennent, au contraire, que l'arrêt de la Cour, du 30 juillet, n'a rien préjugé ; qu'il y a maintenant décision suffisante du gouvernement sur la validité des prétendus actes administratifs, et que la Cour possède les éléments d'appréciation qu'elle a jugé utiles ;

Sur le fond du procès, ils demandent de plus fort, que le jugement du Tribunal de Lyon soit confirmé.

Examinons ces diverses questions :

Sens et exécution de l'arrêt de sursis.

L'arrêt de sursis a-t-il décidé que l'Etat serait mis en cause ? Il faut se laisser singulièrement entraîner par ses désirs pour prétendre semblable chose.

Dans ses considérants il pose, en fait, que c'est *au gouvernement* ou *au Conseil d'Etat* qu'il appartient de décider si les actes des fonctionnaires ont pu engager la responsabilité de l'Etat.

Il ajoute qu'il convient d'impartir un délai pendant lequel *les demandeurs, ou toute autre partie plus diligente,* se pourvoiront, *devant qui de droit,* afin de rapporter à la Cour une décision définitive *sur la validité des actes administratifs.*

« Il réserve absolument tous les droits des parties en cause. »

Puis, son dispositif est celui-ci :

« *Tous droits et moyens réservés, ainsi que les dépens,* surseoit à statuer
« pendant six mois, à partir de la prononciation du présent arrêt ; dit que
« pendant ce temps, *les demandeurs, ou la partie la plus diligente, feront*
« *décider si, dès le 28 septembre 1870, Challemel-Lacour a engagé l'Etat par*
« *ses actes et dans quelle mesure il l'a engagé.* »

Où voit-on un mot qui ordonne la mise en canse de l'Etat ? Est-il loisible aux adversaires de dénaturer aussi gravement le sens de l'arrêt ?

A deux reprises la Cour déclare qu'elle réserve absolument tous les droits des parties jusqu'à ce qu'une décision de qui de droit, sur l'existence et l'étendue de l'engagement de l'Etat, par les actes de Challemel-Lacour, lui soit rapportée.

Comment peut-on soutenir qu'elle préjuge le procès et que la mise hors de canse de la commune de Caluire n'est, pour ainsi dire, que la conséqnence de cet arrêt ?

Une interprétation semblable peut être le résultat d'une tactique habile ; mais elle n'est pas plus admissible que celle qu'en ont fait, à Caluire, certains auteurs des dévastations, qui, croyant voir dans l'arrêt le gain de leur procès, pleins d'une joie au moins prématurée, ont fait entendre déjà leurs regrets de n'en avoir point dévasté davantage.

Ainsi l'arrêt n'a point ordonné la mise en cause de l'Etat, il n'a rien préjugé ; mais il a voulu une décision pour savoir si l'Etat devait être considéré comme engagé, dès le 28 septembre 1870, par les actes de Challemel-Lacour vis-à-vis de l'établissement des Frères, à Caluire, et dans quelle mesure il l'aurait été.

Cette décision est-elle rapportée ? on dit non. Les Frères, seuls, devaient la provoquer. Ils présentent une lettre du Ministre de l'intérieur qui n'est qu'un document bizarre et sans importance.

Mais, d'abord, il est bien singulier que les parties en cause, qui avaient le plus grand intérêt à faire décider que les actes de M. Challemel-Lacour ont engagé l'Etat dès le 28 septembre 1870 ; c'est-à-dire la commune de Caluire, les Conseillers municipaux, M. Challemel-Lacour, lui-même, que toutes ces parties se soient absolument abstenues de provoquer la décision dont il s'agit, quoique l'invitation de l'arrêt, par ces mots : *la partie la plus diligente,* soi formelle à leur égard, et, que leur position d'appelants, au procès, leur imposât plus qu'à tous autres cette obligation. Ce qui est plus étrange encore, c'est que n'ayant rien fait, quand elles avaient intérêt et devoir le faire, elles se montrent si difficiles vis-à-vis des intimés. Quoi ! le gain de votre procès repose en grande partie sur la question de savoir, si l'Etat est engagé par vos actes administratifs, la Cour vous invite à le faire décider par qui de droit et vous a donné le temps nécessaire : excellents appréciateurs de la juridiction à laquelle vous pouviez vous adresser, vous ne vous adressez à aucune et vous osez reprocher aux Frères leur attitude et la solution qu'ils apportent ?

Vous faites plaider que l'apparente validité de vos actes engage l'Etat, et que ce n'est point à vous de faire prononcer sur l'existence et la mesure de cet engagement. Mais l'arrêt de la Cour a précisément mis en question ce dont vous vous prévalez comme d'une espèce de droit acquis. Comment donc la solution à obtenir pourrait-elle vous assurer un droit, avant qu'elle ne soit obtenue ?

Rien de fondé dans la manière dont les appelants interprétent l'arrêt et dans l'attitude d'abstention qu'ils ont adoptée vis-à-vis de lui.

Maintenant, les Frères ont-ils mal compris, et, ce qu'ils ont fait, est-il aussi bizarre et aussi dénué de valeur, qu'on le dit ?

Rappelons d'abord que, dès l'origine, les Frères ont mis en cause, avec la commune, les Conseillers municipaux, M. Challemel-Lacour, *le département et l'Etat.* Que le jugement dont est appel a renvoyé le département de la demande, et que personne n'a appelé de cette décision. Qu'il a retenu l'Etat Français, malgré un déclinatoire de compétence, suivi d'un arrêté de conflit.

Après l'avis de jurisconsultes autorisés, ils ont adressé au Ministre de l'intérieur l'arrêt de la Cour, ainsi que les documents du procès, et lui ont demandé de déclarer si, dès le 28 septembre 1870, M. Challemel-Lacour avait engagé l'Etat par ses actes, et dans quelle mesure ?

Le Ministre leur a répondu, le 21 janvier 1874 :

« Aucun décret du gouvernement de la Défense nationale n'a ordonné
« l'occupation violente des établissements religieux ou scolaires. L'Etat ne
« saurait dès lors être rendu responsable des actes dont vous avez été vic-
« time.

« Toutefois, l'immeuble *que vous occupiez* ayant servi à loger une partie des
« troupes en formation à Lyon, j'estime que les frais de casernement doivent
« être mis à la charge du Trésor, et je suis disposé à autoriser l'ordonnance-
« ment d'une somme de 10,000 fr., *fixée par les experts.* »

Cette décision n'est-elle pas celle que la Cour demandait ?

N'a-t-elle aucune valeur ?

L'arrêt avait dit, dans ses considérants, qu'il y avait lieu de s'adresser au Gouvernement ou au Conseil d'Etat.

On s'est adressé au gouvernement par trois motifs :

1° Lui seul pouvait être régulièrement saisi en dehors d'une instance liée devant la juridiction administrative ;

2° Des décisions antérieures avaient préjugé déjà la question ;

3° Enfin, c'était se conformer à la première indication de l'arrêt.

Qu'a-t-on obtenu ? Une décision du Ministre qui repousse la responsabilité de l'Etat, si ce n'est pour les frais de casernement donnant droit, suivant les experts, à une indemnité de 10,000 fr.

On a prétendu que c'était là un document sans valeur, d'abord parce que la décision a été prise sans débats contradictoires, et ensuite, parce qu'elle s'applique à des faits étrangers à M. Challemel-Lacour.

Nous reconnaissons volontiers que la décision du Ministre n'a pas les mêmes caractères qu'un arrêté du Conseil d'Etat ; mais, peut-on lui ôter la valeur d'une réponse du gouvernement à la question posée ?

Nous ne le pensons pas.

Le Ministre n'a pas supposé ce qui n'existait pas, quand il a parlé d'occupation violente ? Nos adversaires oublient que la délibération du 27 septembre 1870, vue et approuvée par M. Challemel-Lacour, porte que la garde nationale s'établira dans l'établissement et aux frais des propriétaires jusqu'à complète évacuation. C'est là un acte d'arbitraire et de violence au premier chef. Il a été très-légitimement visé.

Les Frères apportent au moins un avis du gouvernement s'appuyant sur un fait exact,

Il acquiert une gravité plus grande encore quand on le rapproche de la décision du ministre de la guerre, de mars 1871, ordonant la restitution à ses propriétaires ; de l'immeuble utilisé pendant quelque temps pour des logements militaires ;

Et quand on se reporte à l'arrêté du tribunal des conflits du 8 février 1873, dans ce dernier document, voici en effet ce qui est dit :

« Nul ne peut être dépossédé de sa propriété, même pour cause d'utilité « publique, que dans les cas et sous les conditions déterminés par la loi du

« 3 mai 1841 , et qu'il appartient à l'autorité judiciaire de vérifier si les for-
« malités légales ont été observées, de prononcer l'envoi en possession, de
« régler les indemnités et même d'ordonner la réintégration des proprié-
« taires dans la possession de leurs biens lorsqu'ils en ont été illégalement dé-
« pouillés ; mais que, dans l'espèce, c'est en exécution de délibérations du Con-
« seil municipal de la commune de Caluire, déclarant l'Etablissement des
« Frères propriété communale, que Dugave et Bransiet ont été expulsés des
« immeubles qui leur appartenaient et que si *ces délibérations ont été* INDUMENT
« APPROUVÉES PAR CHALLEMEL-LACOUR, PRÉFET DU DÉPARTEMENT DU RHÔNE, *il n'y a*
« *pas eu cependant prise de possession au nom de l'Etat, des biens de Dugave*
« *et Bransiet.* »

Voilà la vérité consacrée par une décision souveraine et c'est celle qui ré-
sulte des faits, des décisions du ministre de la guerre et de celle du ministre
de l'intérieur.

En présence de ces décisions, de cet arrêté sans appel, la Cour pourrait-elle
encore conserver des doutes ? Nous ne pouvons le supposer.

Nous arrivons à ce qui est relatif à l'inapplication de la loi du X vendémiaire an IV.

Quelques mots d'abord sur les origines de cette loi spéciale.

N'a-t-elle été qu'un moyen de résistance de la Convention contre la Commune de Paris, n'est-elle applicable que dans le cas où il y a insurrection contre le pouvoir central ?

Faut-il pour qu'une commune soit condamnée avec ses dispositions, qu'il
y ait eu intention coupable des habitants ?

Pour comprendre combien tout cela est peu soutenable, il est utile de rappeler les origines de cette loi ?

Origines de la loi du 10 vendémiaire an IV.

Dès 1789 le principe en était posé : l'incendie des châteaux, l'invasion vio
lente des propriétés ecclésiastiques, firent rendre le 7 novembre 1789, par
l'Assemblée nationale, un premier décret qui déclara que les municipalités,
communes, gardes nationales, etc., étaient chargées de la conservation des
biens ecclésiastiques.

Un mois après, le 11 décembre 1789, un autre décret mettait les bois et forêts sous la sauvegarde des mêmes administrations. Cette mission de protection et de défense n'était, il est vrai, sanctionnée par aucune peine; elle fut inefficace.

Les incendies et les pillages se multipliant, le 23 février 1790, un nouveau décret, par ses articles 3, 4, 5, posá le principe de la responsabilité des communes, dans le cas de dommages causés dans leur sein par des attroupements, il chargea les officiers municipaux de publier la loi martiale si la propriété ou les personnes étaient mises en danger.

Il décida encore que lorsqu'il aurait été causé quelques dommages par un attroupement, la commune en répondrait si elle avait été requise et si elle avait pu l'empêcher. (Art. 5.)

Toutes les municipalités devaient se prêter main-forte; quand elles s'y refuseraient, elles seraient responsables des suites du refus. (Art. 4.)

C'était constituer la résistance mutuelle rendue nécessaire par la nature des actes délictueux et l'impuissance relative de ce qu'on appelle le pouvoir central. Trois mois s'écoulent, les effets du décret du 23 février 1790 n'étant pas ceux qu'on en attendait, l'Assemblée nationale décrète, le 2 juin 1790, que tous les citoyens de chaque commune qui auront pu empêcher les dommages causés par les violences contre les personnes, ou les propriétés, en demeureront responsables. (Art. 11.)

Quatre mois plus tard, un décret du 6 octobre 1790, veut que l'indemnité des dégâts et dommages soit prise d'abord sur les biens des coupables et subsidiairement supportés par les communes, qui ne les auraient pas empêchés lorsqu'elles l'auraient pu et qu'elles en auraient été requises par les officiers municipaux, lesquels sont rendus responsables de leur négligence à cet égard. (Voir n° 2.)

Une loi du 27 juillet 1791 contre les attroupements, donne pouvoir de requérir les communes voisines, qui deviendront responsables si elles ne se rendent pas à cet appel.

Viennent ensuite le décret du 17 juillet 1792 qui cherche à exciter le zèle des communes en mettant à leur charge les frais de déplacement de la force

5

publique ; le décret du 11 floréal et la loi du 16 prairial an III, qui décidèrent que les communes seraient responsables, et dans une certaine mesure solidaires, que les objets pillés seraient restitués, des dommages intérêts payés au propriétaire et enfin qu'une amende serait encourue au profit de la République.

La loi du 10 vendémiaire an IV (2 octobre 1795) résuma toutes ces dispositions et devint la dernière expression d'une législation que les attentats de cette époque révolutionnaire et l'impuissance du gouvernement rendaient nécessaires.

Malgré diverses critiques et quelques articles devenus inapplicables, aucun des pouvoirs qui se sont succédés depuis quatre-vingts ans n'en a proposé l'abrogation.

Une jurisprudence unanime et invariable a reconnu qu'elle est toujours en vigueur et qu'elle n'a rien perdu de sa nécessité et de son opportunité premières.

La loi de vendémiaire existe donc et a pour but d'assurer protection aux propriétés et aux personnes par le concours de tous les citoyens de la même commune.

Comme l'ont très-bien rappelé les premiers juges : « Les grandes commotions politiques qui agitent le pays entier donnent un degré d'utilité de plus « à ces dispositions éminemment protectrices de la sécurité publique et de la « propriété privée. »

On n'ose pas soutenir précisément le contraire, mais pour en écarter l'application on lui donne une interprétatation fausse, puis on cherche dans les faits de la cause des moyens d'y échapper.

La fausse interprétation consiste à prétendre que cette loi n'est applicable que dans le cas d'insurrection contre le gouvernement, et lorsque la faute des habitants de la commune réunit tous les éléments délictueux : l'intention et le fait.

Quant aux moyens puisés dans les faits de la cause, les voici :

Un mode de votation illégal a été introduit par le préfet Challemel-Lacour, pour la nomination des conseillers municipaux de Caluire, il a amené l'élection d'hommes hostiles aux Frères et a été cause des faits du 27 septembre 1870. Or, c'est l'Etat qui a envoyé M. Challemel-Lacour, avec des pouvoirs extraordinaires, c'est donc lui qui doit être responsable de ces actes, la collection des habitants de Caluire n'étant pour rien dans la cause du mal, ne peut se voir reprocher les effets produits.

En outre, ces mesures, fussent-elles illégales et coupables, étaient régulièrement prises.

Leurs auteurs étaient les agents du pays, usant de sa force et ayant derrière eux le pouvoir central comme instigateur et comme appui.

Enfin, la commune de Caluire ne pouvait empêcher les faits dont il s'agit. Le pouvoir central représenté par M. Challemel-Lacour, brisait toutes les résistances individuelles ou judiciaires, dès lors impuissance des habitants qui ne peuvent être punis pour une faute qu'il leur était impossible d'éviter.

Quand on recourt aux lois et décrets qui ont précédé la loi de vendémiaire, et dont elle n'est que le résumé ; quand on consulte l'esprit de cette dernière loi, on reconnaît :

1° Que toute cette législation spéciale, a pour but, ainsi qu'elle l'expose, de défendre les personnes et la propriété publique et privée contre les attentats venant de rassemblements ou attroupements armés ou non ;

Qu'il ne s'agit nullement d'insurrection contre le pouvoir central à réprimer, mais d'attentats contre les particuliers, leurs biens ou ceux de l'Etat ;

2° Que le moyen employé pour atteindre ce but est de forcer, par la perspective de pertes pécuniaires, les habitants d'une même commune à prévenir et empêcher ces délits spéciaux ; en un mot, de créer la défense mutuelle dans la commune pour les rendre impossibles.

Il faut en tirer deux conséquences : la première, c'est qu'on veut suppléer à l'éloignement, à la difficulté d'action, à la lenteur de la puissance publique, et qu'on la suppose toujours dans une certaine mesure paralysée ; la seconde conséquence, c'est que la loi de vendémiaire n'est pas une loi pénale, mais bien une loi créant une obligation d'assistance mutuelle entre les citoyens d'une même commune, puis la sanctionnant par la responsabilité civile de ceux qui ont omis de la remplir, quel que soit leur motif.

Dès-lors l'intention délictueuse de la part de l'habitant n'est nullement nécessaire pour qu'il soit passible de semblables dispositions; il n'est pas nécessaire non plus qu'il ait accompli un acte attentatoire à un degré quelconque. Il suffit qu'il se soit absteuu; qu'il n'ait rien fait pour empêcher ou prévenir les faits accomplis par le rassemblement. La faute, qui, de sa part, le soumettra à la loi de vendémiaire, consistera dans son inaction, il avait, de par cette loi un devoir de défense, de protection à remplir, sous l'empire de considérations diverses, qui, le plus souvent, se résument dans la lâcheté et la peur, il ne l'a pas rempli. Ce n'est point, à vrai dire, une peine qui le frappera; ses droits politiques ou civils n'en subiront aucune atteinte; son casier judiciaire ne s'en occupera pas; c'est une réparation civile à laquelle il sera tenu et qui est de même nature que celle édictée par l'art. 1142 du Code civil : « Toute obligation de faire se résout en dommages-intérêts en « cas d'inexécution du débiteur. »

Voilà le sens véritable de la loi de vendémiaire et de toute la législation antérieure sur le même sujet (voir Foucard, tome 3, n° 1389; Sourdat, tome 2, n° 1383, 1389; Rendu, n° 19. Que tous les gouvernements aient trouvé dans ces dispositions un secours contre des insurrections dirigées contre eux; c'est indubitable : ils n'en avaient pas besoin pour les réprimer. D'autres lois leur en fournissaient les moyens de la manière la plus complète. Mais la loi de vendémiaire leur a offert un moyen de prévenir les soulèvements en intéressant les habitants honnêtes à ce qu'ils n'eussent pas lieu.

Cette utilité pour les gouvernements ne change rien au sens de la loi, qui a voulu la protection des personnes et des biens privés ou publics à l'aide de la défense mutuelle, et cela, sans restreindre cette protection, au cas où il y y aurait insurrection contre le pouvoir central.

Jurisprudence. La jurisprudence repousse l'interprétation tentée par l'avocat de la commune de Caluire; la doctrine est conforme à la jurisprudence sur ce point.

La Cour de Lyon a été appelée à juger souvent cette question. Un arrêt du 27 décembre 1849, dans l'affaire de Bussigny contre la commune de Saint-

André-de-Corcy, consacre les principes qui viennent d'être exposés. (Voir au Ree., année 1849, p. 399.)

Il en est de même d'un arrêt du 21 janvier 1351, — Compagnie des *Hirondelles* contre la commune de Vaise — et d'un autre arrêt du 5 juillet 1850, confirmant dans l'affaire du Refuge de Saint-Joseph, contre la commune d'Oullins, un jugement du Tribunal, en date du 30 août 1849.

Cet arrêt a été soumis à la Cour suprême, qui a rejeté le pourvoi formé contre lui, par décision de la Chambre des requêtes du 4 janvier 1852. (Voir Dalloz, 1re année 1852, 1. 157.)

La Cour de cassation a consacré la même jurisprudence par trois autres arrêts de la même époque.

L'avocat de la commune de Caluire a invoqué en faveur de sa thèse, contre la loi de vendémiaire, un arrêt récent de la Cour, dans l'affaire Papelard—C. —la Ville de Lyon, La Cour a pourtant appliqué la loi de vendémiaire pour une partie des dégâts. Elle a cru devoir décider ensuite que des logements militaires avaient succédé aux dévastateurs, et elle a écarté la loi de vendémiaire pour cette seconde période. C'est là un arrêt d'espèce qui ne change rien à la jurisprudence constante de la Cour.

Remarquons, du reste, que la ville de Lyon n'avait point de régisseur dans l'établissement des Missions-Africaines, et ne le détenait nullement en résistant à l'exercice du droit de ses propriétaires.

Réfutation du premier moyen. — Votation illégale.

D'autre part, les attentats commis vis-à-vis des Frères des écoles chrétiennes ne résultent pas de tel ou tel mode de votation, mais de la volonté coupable de quelques hommes. De deux choses l'une, ou ces hommes ont été élus pour administrer la commune, conformément aux lois, ou bien pour procéder au pillage de certaines propriétés, à la séquestration des propriétaires, à l'extorsion vis-à-vis d'eux et à leur expulsion violente.

Dans le premier cas, qu'importe le mode de votation ?

Dans le second, ne rendrait-il pas la commune plus responsable encore ; car la majorité de ses habitants commettant la violation la plus monstrueuse de toutes les lois, aurait donné une mission de vol, de rapine et de violence ? Qui oserait le soutenir en fait ?

Quelque puissent être les sentiments personnels des élus vis-à-vis des Frères, il leur était interdit, comme à tous les citoyens, de violer la loi, la morale publique et de commettre des délits. Si la théorie de la commune de Caluire était admise, elle aurait vraiment de singulières conséquences. D'après elle, celui qui choisit un mandataire infidèle serait la cause du vol qui est commis à son préjudice. Comme il en serait la cause, il serait responsable des effets. Alors le délinquant devrait être absout, et celui qui l'a choisi, devrait être condamné !

Pareil système se réfute en l'exposant : inutile d'insister pour le combattre.

Réfutation du deuxième moyen. — Régularité de mesures admises et illégales.

Le second moyen n'est pas mieux fondé, quoique plus spécieux.

Il se résume en ceci :

Le sieur Vassel était régulièrement maire provisoire ; il a fait délibérer le Conseil municipal, obtenu que sa délibération fut approuvée par le préfet Challemel-Lacour ; il a mis ensuite régulièrement en mouvement la garde nationale pour exécuter la décision visée et approuvée.

Ces mesures ont pu être odieuses, illégales; mais elles étaient régulièrement prises. Dès-lors, il n'appartenait pas aux habitants de s'y opposer.

Dans tous les cas, on ne peut assimiler des faits de cette nature à ceux prévus par la loi de vendémiaire, et dont la commune doit encourir la responsabilité.

Mais, d'abord, où voit-on la régularité des actes odieux qui ont été accomplis, le maire Vassel et le préfet Challemel-Lacour, n'ont en réalité commis que des illégalités monstrueuses, sous le fallacieux prétexte de la Défense nationale, et des illégalités évidentes pour tous.

Illégalité et culpabilité flagrante des actes.

Délibération municipale en dehors des sessions et non autorisée.

(Violation des art. 15 et 24 de la loi du 5 mai 1855).

Délibération sur des matières en dehors de ses attributions municipales, dès-lors nulle de plein droit. (Art. 23, L. 5 mai 1855).

Confiscation de la propriété privée.

(Violation des art. 545, 546, C. civ.).

Introduction, avec menaces, de fonctionnaires et autres, dans le domicile d'un citoyen, hors les cas prévus par la loi.

(Délit puni par les art. 184 et 186 du C. pén.).

Arrestation illégale et séquestration des personnes.

(Puni par les art. 341 et 343, C. pén.).

Extorsions à l'aide de menaces verbales.

(Punies par l'art. 400, C. pén.).

Destructions et dommages.

(Punies par les art. 440, 443, 444, 446, C. pén.).

Mise en mouvement de la garde nationale en violation des lois qui la régissent.

(L. du 22 mars 1831, du 13 juin 1851. Décret du 11 janvier 1852).

Commandement de ces gardes nationaux, en qualité de capitaine, par le sieur Pierrot, qui, en sa qualité d'adjoint, ne pouvait même être garde national. (Art. 11, L. du 22 mars 1831.

Pouvoir conféré aux gardes nationaux et exercé par eux, d'occuper un immeuble privé, de s'y faire nourrir jusqu'à ce qu'ils aient expulsé illégalement les propriétaires.

Personne ne se méprend sur le caractère réel de ces attentats.

Quoi! tout cela était régulier et devait être considéré comme tel? Mais par qui donc? Par les instigateurs de ces méfaits ; oui, car leurs passions mauvaises en les dominant les aveuglaient ; mais personne autre ne pouvait se faire illusion.

Est-ce que les fonctionnaires de la commune se méprenaient? Si on excepte les coupables, tous ont été frappés de [l'illégalité de ces attentats : le percepteur de la commune, le secrétaire de la Mairie, le garde-champêtre, les habitants eux-mêmes, pouvaient-ils s'y tromper?

Quoi! cette invasion, cette foule tumultueuse, comme spectatrice et auxiliaire n'auraient pas caractérisé un acte coupable? Il y avait, cela est vrai, un certain nombre qui applaudissaient, c'étaient les coupables et leurs approbateurs ; mais la commune, en général, en était inquiète ou indignée.

Qu'on ne parle donc pas de la régularité de ces faits, sur la nature desquels personne n'a hésité, ni dans la commune de Caluire, ni en dehors d'elle ; car en ce moment la presse honnête de Lyon se faisait un devoir de la dénoncer à la vindicte publique.

(Voir le *Salut public*, articles envoyés de Caluire même).

Mais, dit-on, les agents de tout cela sont le maire et les adjoints, en vertu d'une délibération municipale approuvée par le préfet Challemel-Lacour, et assistés d'une force régulière ; on ne pouvait méconnaitre l'autorité ni s'opposer à des actes de cette nature, fussent-ils mêmes illégaux et odieux.

Tout ceci revient à dire : l'autorité municipale et préfectorale agissant même en dehors de toutes les lois pour commettre des délits ou des crimes, ne doit pas trouver d'opposition de la part des habitants d'une commune.

Eh ! bien, s'il en était ainsi, ce serait non-seulement la mise à néant de la loi de vendémiaire dans les cas les plus graves où elle doit s'appliquer ; mais la négation des principes les plus certains du droit naturel et du droit public. Que l'autorité municipale ou préfectorale, agissant en violation des lois et accomplissant des faits délictueux, doivent ne rencontrer aucun empêchement de la part des citoyens ; voilà ce qui pourrait peut-être se soutenir quand ces autorités sont instituées et désignées par un pouvoir autocratique. Dans ce cas, il existe une certaine transmission de souveraineté venant de la personne même du chef de l'Etat : tout agent est alors revêtu d'un caractère qui commande obéissance par lui-même et dont on ne peut le dépouiller, tant qu'il lui est conservé par celui de qui il découle.

Mais quand les agents du pouvoir, sous une constitution démocratique ou libre, ne doivent leur autorité qu'à la loi même, ne peuvent l'exercer que conformément à elle, sans recevoir élément de pouvoir, comme par le serment de la personne souveraine, l'obéissance peut-elle être due si l'agent se met en dehors des lois pour ordonner ? Ses actes délictueux doivent-ils ne rencontrer aucune opposition ?

Quoi ! dans ce cas, l'autorité qui jamais ne peut ni ne doit couvrir les attentats, les couvrirait encore ? Qui donc sous le régime monarchique a osé défendre pareille thèse, alors qu'elle aurait semblée avoir certaine apparence de raison ? Qui l'a admise et pratiquée? Sous le régime républicain, on l'invoquerait, quand elle ne repose pas même sur l'ombre d'un fondement !

Mais dira-t-on peut-être, la loi de vendémiaire n'a pas prévu le cas où les attroupements seraient dirigés par le maire et les adjoints?

La loi de vendémiaire a édicté un principe général dans son titre premier. Ce principe le voici :

« Tous citoyens habitant la même commune sont garants civilement des « attentats commis sur le territoire de la commune, soit envers les personnes, « soit contre les propriétés. »

Elle a répété ce principe dans l'art. 1 du titre IV, en ajoutant qu'il fallait que les délits fussent commis par des attroupements ou rassemblements armés ou non armés.

Elle n'a nullement restreint son application au cas où des officiers municipaux ne figuraient pas dans les rassemblements armés ou non.

Il suffit pour elle que ces rassemblements aient existé, que des habitents de la commune, quelle que soit leur qualité, aient pris part aux délits sous une forme ou sous une autre, pour que la commune devienne responsable et passible d'amende (art. 1, 2, 3, 4, titre IV).

Quel motif sérieux pourrait-on donc faire valoir pour écarter la responsabilité de la commune, quand les officiers municipaux ont préparé et commis les délits entraînant réparations civiles.

Serait-ce parce qu'elle leur a confié le pouvoir municipal? Mais, de sa part, ce ne serait plus seulement la faute de n'avoir pas empêché les attentats, il y aurait, de plus, celle d'avoir, dans une certaine mesure, favorisé leur perpétration, en choisissant des fonctionnaires indignes.

Serait-ce parce que le maire, les adjoints et les conseillers municipaux sont moins éclairés, soumis à de moindres obligations ; liés par des dispositions légales moins étroites que les autres habitants? mais c'est précisément le contraire.

Serait-ce enfin parce que la commune professerait et pratiquerait une obéissance aveugle vis-à-vis des fonctionnaires qu'elle a élus? Rien de pareil n'existe en fait. Il n'est pas d'autorité vis-à-vis de laquelle on use de plus de liberté que celle des officiers municipaux et dont tous les actes soient plus ordinairement discutés et critiqués,

Il n'y a donc aucun motif pour exonérer de la responsabilité civile la commune dont les officiers municipaux ont provoqué et dirigé des rassemblements ayant commis des délits.

Toute la question est donc de savoir s'il y a eu rassemblement armé ou non, si ce rassemblement a commis des délits à force ouverte et par violence, contre des personnes ou les propriétés privées ou publiques.

M. Dalloz, v° Commune, n° 2691, est amené à examiner incidemment cette question. Il la résout dans le sens de la responsabilité de la commune.

Les premiers juges ont donc dit avec raison :

« Que la pensée fondamentale de la loi se trouve dans l'article unique du
« titre Ier.....

« Que le titre IV détermine, il est vrai, certaines conditions sans lesquelles
« la responsabilité n'est pas encourue.

« Mais que ces dispositions secondaires doivent être interprétées dans le
« sens du principe dont elles règlent l'application, sans qu'il soit permis d'in-
« troduire des distinctions qui restreindraient encore le principe même et
« créeraient des cas non prévus d'inapplicabilité.

« Attendu que ce serait imaginer une restriction essentiellement contraire
« au texte et à l'esprit de la loi, de décider que la commune ne serait pas res-
« ponsable lorsque le rassemblement aurait été provoqué et dirigé par l'auto-
« rité municipale ;

« Que le fondement de la responsabilité étant le manquement à une sorte
« d'assurance mutuelle imposée par le législateur entre les habitants d'une
« commune, dans le but de se protéger les uns par les autres ; il est incon-
« testable que l'inertie des citoyens suffit pour les constituer en faute, même
« en l'absence ou dans l'inaction des autorités.

« Que si au lieu de favoriser l'attroupement par leur faiblesse ou leur coni-
« vences secrètes, les officiers municipaux faisant un pas de plus, le provo-

« quent et le dirigent, on ne voit nulle part dans la loi de vendémiaire, ni
« ailleurs, que les habitants soient dégagés de leur responsabilité.

   « Que surtout lorsque les habitants sont comme sous le régime actuel, entière-
« mentmaîtres dans le choix des corps municipaux on ne concevrait pas qu'ils
« fussent d'autant moins responsables qu'ils auraient fait de plus mauvais choix ;
« et commeut leur responsabilité cesserait pour le défaut de fermeté ou de mo-
« ralité des élus. »

Le jugement du tribunal est des mieux fondé sur ce point : dans l'espèce,
la loi de vendémiaire est certainement applicable à la commune de Caluire.

On le conteste par un autre moyen qui est celui-ci :

Réfutation du troisième moyen. — Impossibilité de l'intervention des habitants de Caluire. — Ils ont fait ce qui pouvait être fait.

Il était impossible aux habitants de Caluire de prendre les armes pour s'opposer à l'invasion de la propriété des Frères. Ils auraient été émeutiers, car ils
se seraient insurgés contre l'autorité.

Ils auraient été, d'ailleurs, de grands coupables d'engager pareille lutte en
présence de l'ennemi.

Ils ont faits ce qu'ils ont pu : M. Joannon est allé voir M. Gomot qui l'a
traité de jésuite, et douze habitants sont allés trouver M. Challemel-Lacour qui
les a éconduits d'une manière analogue.

Les habitants de Caluire cherchant à empêcher le pillage et la dévastation
les armes à la main, auraient-ils dus être considérés comme des insurgés ou
traités comme tels.

Je suppose que des habitants ayant agi de la sorte eussent été poursuivis ?
Quel est le tribunal qui eût pu les condamner, et si quelques-uns d'entre eux,
blessés et faits prisonniers eussent été traduits portant les cicatrices de leur
bonne action, à la barre du tribunal correctionnel ou de la Cour, qu'elle con-
damnation aurait-elle été prononcée contr'eux ?

Poser cette question c'est la résoudre ; alors que devient la théorie de M⁰ Mo-
rin sur le caractère factieux de toute opposition à des délits ayant l'autorité
municipale pour agent ?

Quand le tribunal dans le jugement dont est appel a dit : « Qu'il n'y a rien de

« plus moral et de plus utile au maintien des bases de toute société, que d'en-
« joindre aux citoyens non seulement de désobéir à l'autorité, municipale ou
« préfectorale, qui commanderait un délit envers les personnes ou contre les
« propriétés, mais encore d'en empêcher l'accomplissement par tous les moyens. »
Il a rappelé les véritables principes qu'on essaye vainement d'écarter.

Qu'importe, du reste, l'opinion qu'on a sur cette question de droit public ?
elle est sans nécessité introduite dans le débat actuel.

Vous dites qu'il était impossible aux habitants honnêtes de Caluire, de prendre les armes pour empecher l'invasion, la séquestration, le pillage. Eh ! bien
je vous l'accorde, si vous voulez, mais en résulte-t-il qu'ils ne pouvaient, par
aucun moyen, prévenir ou empecher tout cela ?

Il est habile peut-etre de présenter comme la seule hypothèse l'usage des
armes, mais cela ne peut se soutenir ni en fait, ni en droit.

Quoi ! on en aurait été réduit à livrer bataille aux hommes armés dirigés
par les sieurs Vassel, Pierrot et Razuret, adjoints !

Mais au premier bruit de ce qui allait avoir lieu, si des groupes sans armes
fussent allé à la mairie pour signaler leur désapprobation formelle de ce qu
se préparait ; est-ce que cette démarche eût été sans influence ?

Si au moment de l'invasion par le rassemblement, cent habitants se fussent réunis devant la porte des Frères et eussent essayé d'abord d'éloigner les
arrivants en leur signalant le caractère illégal de ce qu'ils allaient faire, puis
les périls graves auxquels ils exposaient la commune ; cette attitude eût-elle
été sans influence ?

Si ces habitants, ne réussissant pas par cette intervention, eussent opposé
une sommation à leur commune, requise et présentée sur l'heure par deux huis-
siers : aurait-on passé outre ? c'est déjà douteux, car une simple sommation de
l'huissier Borgat a suffi pour jeter l'épouvante et ramener la plus grande partie
des conseillers municipaux au sens moral.

Si, au lieu d'assister au pillage ou de se tenir coi dans leur demeure, les
mêmes habitants eussent arrêté à la porte, les chars, les bestiaux les farines,
les porcs, les draps de lit, les trousseaux, les meubles, etc., et fait un cordon

de résistance vis-à-vis de la dèvastation, tout cela, sans armes, est-ce que tout cela n'aurait rien produit?

Eh! bien, supposons que tous ces efforts légitimes et sans lutte armée, eussent été infructueux, la loi de vendémiaire serait-elle alors applicable?

En droit cette loi a exigé que la commune prît les mesures qui étaient en son pouvoir pour *prévenir* l'événement ou l'*empêcher*. Elle n'a jamais exigé que le succès fût atteint, mais toujours qu'il fût tenté par toutes les mesures possibles.

Qui doit décider si toutes les mesures possibles ont été prises? c'est incontestablement le juge.

Dès lors, si une commune est poursuivie et qu'elle puisse établir, en fait, qu'elle ou ses habitants ont pris les mesures possibles pour prévenir ou empêcher les attentats sur son territoire. Le juge apprécie la nature de ces mesures et leur caractère doit exonérer la commune si elles sont sérieuses et les seules possibles.

Dans l'espèce, quaviez-vous à invoquer? De qu'elles mesures justifiez-vous, car c'est à vous, aux termes de l'art. 8, titre 18 de la loi de vendémiaire, que la preuve incombe?

Vous dites, et nous ne le contestons pas, M. Joannon est allé voir M. Gomot, il a été mal reçu; douze habitants n'ont pas été plus heureux en se présentant an préfet Challemel-Lacour.

En fait, nous vous répondons, ces démarches individuelles ont eu lieu à l'époque de l'affiche pour la vente des provisions et récoltes, c'est-à-dire vers le 30 octobre 1870. — Or, la plus grande partie des faits délictueux les plus graves étaient consommés avant le 19 octobre, c'est-à-dire, plus de onze jours avant les démarches.

Elles ne peuvent être considérées comme des mesures pour prévenir ou empêcher; car jamais il n'est venu à l'idée de personne de voir une mesure de résistance dans l'acte de celui qui fait une visite ou qui adresse une supplique.

La loi de vendémiaire a été appliquée par la Cour dans des circonstances où des mesures bien autrement graves avaient été prises par les communes poursuivies : ainsi par la commune de Saint-André-de-Corcy, vis-à-vis de bris de machine sur son territoire, elle avait fourni des hommes armés pour empêcher cet attentat. (Arrêt de la Cour du 27 décembre 1849.)

Par la commune d'Oullins, lors de la dévastation du Refuge de St-Joseph, douze ou quinze de ses gardes nationaux avaient tenté, les armes à la main, d'empêcher les attentats. (Arrêt de la Cour de Lyon du 5 juillet 1850.)

Est-ce sérieusement qu'on invoque deux visites faites à la préfecture onze jours après la consommation des attentats ?

Que n'a-t-on fait valoir aussi l'attitude de ce garde national de Caluire, qui délivrait des ordres aux hommes de sa compagnie pour concourir à la violation du domicile des Frères, et qui, au même moment, adressait au journal *le Salut Public*, des articles où il provoquait l'indignation contre ces actes?

Non, tout cela est sans aucne valeur :

Les habitants de Caluire pouvaient prendre des mesures pour prévenir ou empêcher; il n'en ont prises aucunes, ils sont mal fondés à faire plaider que leur devoir de citoyen s'opposait à leur intervention, et qu'elle a eu lieu dans la mesure qui leur était permise par les circonstances.

Arrivons à la thèse soutenue par l'habile et spirituel avocat de M. Challemel-Lacour.

Ce préfet, à l'entendre, s'est borné à faire un réquisition pour les besoins de la défense nationale, et il en assume la responsabilité ; s'il a fait occuper l'Etablissement des Frères comme plusieurs autres établissements religieux à Lyon, c'était dans ce but unique. Sa participation à l'expulsion des Frères a eu pour effet, de rendre plus humaines les mesures nécessaires.

De lui, il n'y a que trois actes : tout ce qui s'est passé d'odieux, de vexatoire lui est étranger. Du reste, il faut reconnaître que ces actes détestables étant réguliers, leurs auteurs eux-mêmes condamnés par la morale, sont à l'abri de la loi.

M. Challemel-Lacour n'a jamais réquisitionné l'Etablissement des Frères pour les besoins de la défense nationale.

Sa première intervention est une approbation de délibération municipale qui prétexte les besoins de la défense nationale, mais en réalité décide l'expulsion illégale des Frères, à l'aide d'extorsions violentes.

L'initiative de cette délibération appartient en entier au sieur Vassel et consorts; elle n'a pas d'autre but que la main mise immédiate sur une maison de religieux, et leur banissement de la commune.

Que trouve-t-on, en effet, dans la délibération du 27 décembre 1870, dont les termes doivent être examinés avec attention?

« Considérant que l'immense établissement des Frères ignorantins, situé sur
« notre commune, *peut être* converti en *ambulance, caserne ou toute autre*
« *désignation jugée nécessaire par le Comité de défense nationale;* le Conseil
« municipal, dans la séance de ce jour et à l'unanimité, *a ordonné le départ*
« *pour leurs foyers respectifs de tous les novices et Frères* résidant dans ledit
« Etablissement. »

En marge, se lit la note suivante, résumant la demande et écrite à la préfecture :

« Le Conseil municipal *demande* à l'unanimité *l'expulsion* de tous les
« novices des Frères ignorantins, pour que la communauté soit convertie
« en caserne ou ambulance. »

Vu et approuvé :

Le Préfet du Rhône,
Signé : P. Challemel-Lacour.

Voici ce que démontre ce document d'une manière incontestable :

1° Le Conseil municipal de Caluire prend l'initiative à lui seul ;
2° C'est lui qui déclare que l'établissement peut être converti en ambulance ou en caserne ;

3° C'est lui qui ordonne le départ pour leurs foyers respectifs des novices
et Frères.

4° C'est lui qui règle l'époque, le mode d'exécution et la forme de l'inventaire ;

Tout cela est demandé par lui au Préfet qui le constate.

Cette initiative, fût-elle même celle d'une véritable réquisition, n'appartenait à aucun degré à l'administration municipale, et le Préfet le comprend s
bien, qu'il autorise, non une réquisition, mais *une expulsion des Frères*,
dans un but indiqué par la commune.

Il ne s'agit pas seulement ici d'une forme irrégulière. La vérité est, qu'au
fond, le Conseil municipal qui n'avait aucun droit de délibérer sur semblable
matière, aucun droit de réquisitionner, prononce l'expulsion de gens qui lui
déplaisent, et il est si vrai que la Défense nationale n'est qu'un prétexte mensonger, c'est que la délibération elle-même, commence par dire que l'établissement peut être converti en ambulance-caserne, ou toute autre désignation
jugée nécessaire par le comité de la Défense nationale.

On agit donc pour des besoins indéterminés et éventuels et en prévision
de faits que rien n'a signalés.

Jamais le comité de la Défense nationale n'a demandé l'établissement. Qu'on
produise donc une justification quelconque du désir de ce comité à cet égard.
Le 16 octobre, dix-huit jours après, il n'en était pas question ; car la délibération de cette date constate, que des démarches von être faites pour faire
prendre possession.

Ainsi, point de besoins actuels à satisfaire, initiative d'expulsion prise par
le Conseil municipal en dehors de tous droits et de toute honnêteté.

Visa et approbation du Préfet pour une demande d'expulsion et non pour
une réquisition qui n'existe ni au fond ni dans la forme.

Veut-on, sur ce point, l'avis de M. Challemel-Lacour avant le procès, qui
lui a inspiré d'autres appréciations ? Mais lisez le motif qu'il attribue luimême à cette expulsion dans l'arrêté du 28 octobre 1870. Voici comment il
s'exprime :

« Vu la délibération en date du 27 septembre dernier, *par laquelle le Con-*

« *seil municipal de Caluire* A ORDONNÉ DANS L'INTÉRET DE L'ORDRE PUPLIC; l'ex-
« pulsion des Frères de la doctrine chrétienne de leur établissement de
« Caluire. »

Il s'agissait donc *d'ordre public* et non de réquisition pour la Défense nationale, maintenant, pour les besoins de la cause, on soutient le contraire. Mais
on ne saurait le faire admettre.

D'ailleurs, M. Challemel-Lacour n'a-t-il pas assez souvent réquisitionné,
pour qu'on connaisse les formes qu'il a employées ?

N'avons-nous pas dans divers établissements les lettres émanées de lui, et
de lui seul, à ce sujet.

Vainement on essayerait de donner le change.

L'acte du 27 septembre n'a ni la forme ni la nature d'une réquisition.

Il est vrai qu'on invoque les circonstances de l'époque, la présence de l'ennemi, l'impérieux devoir de défense.

Eh ! bien, qu'on sache que dans les pays envahis eux-mêmes, il ne s'est pas
produit un seul fait de cette nature.

Au Mans, avant la retraite de l'armée Française et pendant sa durée, on a
eu besoin de loger des troupes dans les établissements religieux. On les a
occupé en vertu de la nécessité du moment. Les propriétaires n'ont jamais été
ni expulsés ni spoliés. Ailleurs, même situation, même fait. On pourrait
même dire que l'expulsion préventive et les dévastations par le pillage sont
la preuve qu'il n'y a pas eu de réquisition.

A Lyon, à deux cents lieues de l'ennemi, est-ce que l'empire des lois pouvait cesser devant une nécessité imminente et actuelle ?

Nullement. Il fallait, si on voulait réquisitionner, procéder conformément
aux lois. Quelles sont ces lois ?

La loi du 19 brumaire an III (9 novembre 1794), qui ne s'occupe que des
réquisitions de denrées, subsistances ou objets mobiliers (art. 1.) ;

Qui dispose qu'elles ne pourront être faites que par la commission d'appro-
visionnement sous la surveillance du comité de salut public (art. 6), avec des
précautions nombreuses (art. 7, 8 et 9), par les réprésentants du peuple près

7

les armées, dans les cas urgents seulement (art. 10), par les autorités consti-
tuées, lorsqu'elles seraient nécessitées par des marches imprévues de troupes
(art. 17) ;

Qui enfin puni de six ans de fers tout individu qui fera pour le compte de
la République, des réquisitione sans y être autorisé par cette loi (art. 16).

Ainsi point de réquisition d'immeubles et rien qui autorise la commune à
en faire, même de mobiliéres.

Un décret du 10 avril 1806 a désigné pour faire les réquisitions, les chefs
de corps, et, à leur demande, les autorités municipales.

Il n'y avait aucune demande de chef de corps à Caluire.

Aucun texte, comme aucun usage, aucun précédent n'autorise la réquisition des immeubles. S'ensuit-il qu'elle ne peut jamais avoir lieu ? Ce serait
méconnaître les cas de force majeure ; mais dans ceux-là seulement, les immeubles peuvent être occupés pour la défense, et la loi du 8 juillet 1791 l'a
prévu et réglé.

A Caluire, il n'y avait ni force majeure, ni même simple utilité, car il a
fallu des démarches pour faire arriver des corps irréguliers dans l'établissement.

La commune et le Préfet n'ont donc ni réquisitionné ni pu réquisitionner
le 28 septembre à Caluire.

Réquisition de 13 hec-
tares de prés, vi-
gnes, jardins.

Ne suffi-t-il pas de rappeler qu'on envahissait non-seulement un vaste bâtiment, mais treize hectares de prés, vignes, jardins, qui sous aucun prétexte,
ne pouvaient servir à une ambulance ni à une caserne.

Réquisition par l'af-
fermage des terres
et la vente des ré-
coltes ou provi-
sions.

Faut-il demander aussi quel rapport l'affermage de ces treize hectares, la
vente des récoltes et provisions pouvaient avoir avec un réquisition ?

Arrêté du Tribunal
des conflits y tran-
chant la question.

Enfin l'arrêté du Tribunal des conflits du 8 février 1873, en déclarant que le
préfet Challemel-Lacour n'a pu engager l'Etat par son approbation de la délibération municipale,

N'a-t-il pas implicitement décidé qu'il n'avait fait aucune réquisition ?

Cela paraît indubitable et achève de rendre inadmissible le système soutenu
dans l'intérêt de l'ancien préfet du Rhône.

Occupation par des corps irréguliers.

Il n'y a jamais eu réquisition, mais expulsion, pillage, dévastation et expropriation au profit de la commune.

On dit : mais des corps irréhuliers ont logé dans cet immenble, et par sa plaidoirie, Me Laurier a même laissé supposer qu'ils s'y étaient installés le 28 septembre, au moment où les adjoints et leurs hommes se rendaient maîtres de l'immeuble.

C'est absolument inexact.

Le sieur Vassel annonçait le 16 octobre qu'il allait faire des démarches pour qu'on prît possession de l'établissement et que la commune fût déchargée.

Le 19 octobre, les francs-tireurs arrivaient enfin, et une espèce de casernement, sollicité avec instance, commençait.

A ce moment, il y avait vingt et un jours que la commune de Caluire détenait seule cette maison et que des pillages et des dévastations d'une valeur excédant 75,000 fr. avaient été consommés.

L'occupation des corps irréguliers a causé quelques dégâts de plus. Des bancs et des tables ont été brûlés.

La valeur de ces destructions est peu importante, mais il faut remarquer deux choses : la première, que cette occupation qui a duré deux mois environ n'a pu causer des dommages bien graves, parce qu'elle avait été précédée des dévastations des vingt premiers jours.

La seconde c'est que la commune n'a jamais cessé un seul instant pendant sa durée de retenir l'immeuble par ses régisseurs Denis Brack, Pierre-Benoît, Rivière. En sorte qu'elle ne peut s'exonérer entièrement de la responsabilité des dégâts dont il s'agit.

Il faut ne point oublier qu'elle a résisté aux communications du ministre et du préfet pour restituer la propriété, et que ce n'est que le 8 mai, sous le coup des ordonnances de référé qu'elle a fini par déguerpir ; de quelle ambulance, de quel casernement pour la Défense nationale pouvait-il être question après la décision du ministre de la guerre transmise par le prèfet Valentin, le 17 mars 1871 ? Pourquoi Vassel et consorts continuaient-ils à faire occuper, au nom de la commune, pendant près de deux mois, l'immeuble envahi, et dévasté sous leur direction ?

Depuis le 28 septembre 1870, jusqu'au 8 mai 1871, il n'y a eu qu'une chose voulue et exécutée dans toute la mesure possible, l'expulsion des Frères, la main mise par la commune sur leurs bâtiments prés, vignes, et jardin. L'ambulance, les détenteurs n'en ont point voulu, le logement de quelques troupes, ils ne s'en sont servi que pour déguiser leurs méfaits et ensevelir, sous les dégâts de l'indiscipline, leurs pillages et dévastations coupables.

Quant à M. le préfet Challemel-Lacour, s'il y a une différence dans sa responsabilité, c'est qu'elle est plus grande. Sa haute intelligence et sa position devaient lui interdire, plus qu'à tout autre, une participation quelconque à cette série de faits délictueux.

Peut-on admettre qu'il y est resté étranger et qu'il n'a eu d'autre pensée que celle d'une réquisition temporaire ? C'est impossible et voici pourquoi :

N'est-ce pas lui qui a vu et approuvé la délibération qui ordonnait l'expulsion des Frères de leur propriété et leur banissement hors de la commune ?

N'est-ce pas lui qui a vu et approuvé l'exécution de cet acte attentatoire aux personnes et aux biens par la garde nationale et avec l'emploi de ce mode de violence et d'extorsion qui consistait à s'installer dans les bâtiments et à se faire servir à boire et à manger aux frais des propriétaires jusqu'à leur expulsion ?

Voilà son premier acte.

Le 6 octobre, par l'ordre de la mise en mouvement de la garde nationale de la Croix-Rousse, pour aller expulser les Frères, ordre donné avec son assentiment, cela paraît certain, n'a-t-il pas commis une illégalité pour venir en aide à une violence coupable ?

Quand il signe de sa main l'autorisation de transporter les vieillards et les infirmes, de leur propre maison à l'hospice de la Charité ou de l'Antiquaille, n'a-t-il pas commis un acte coupable et dont on ne saurait atténuer le caractère en invoquant les sentiments d'humanité dont les Frères ne devaient pas avoir besoin ?

Quand le 13 octobre, il a reçu la protestation des Frères, en a-t-il tenu compte ?

Le 28 octobre, lorsqu'il a pris un arrêté pour autoriser le maire de Caluire à procéder à la vente des provisions et récoltes interdites par une ordonnance de référé, du 22 octobre, et qu'il a décidé que les fonds à provenir de cette vente, seraient déposés à la Tresorerie générale pour être appliqués aux dépenses de la Défense nationale, n'a-t-il pas violé la loi et méconnu l'autorité de la chose jugée ? ne s'est-il pas associé par cette confiscation aux actes attentatoires contre la propriété des Frères, des Vassel et consorts.

Le 15 décembre, en prenant un nouvel arrêté pour régler la gestion de ce qu'il appelle alors pour la première fois l'*ex-propriété* des Frères à Caluire.

Pour affermer en partie ou en totalité les terrains dépendant dudit établissement et consistant en vigne, prés et jardins,

Pour appliquer à la Défense nationale les fonds à provenir de ces étranges baux à ferme.

Pour s'attribuer la surveillance et l'administration de cette propriété et l'agrément des employés choisis par le sieur Vassel ?

Est-ce qu'il ne consacrait pas la main mise sur la propriété privée et n'organisait-il pas la confiscation en l'appliquant à ses produits futurs ?

Le 19 décembre le versement des fonds dans les mains de Marie Daguerry, n'a-t-il pas été autorisé ?

Le 30 décembre n'a-t-il pas approuvé le choix de Benoît Rivière, comme régisseur de l'immeuble, en remplacement de Denis Brack.

Et on plaide que M. Challemel-Lacour n'a jamais connu qu'une réquisition, et que les trois actes de son fait n'ont rien de commun avec les faits odieux, vexatoires et détestables des Conseillers municipaux de Caluire.

Mais sans le concours de M. Challemel-Lacour pendant deux mois, est-ce que ces conseillers auraient pu accomplir un seul de leurs méfaits ?

Les premiers juges ont donc eu raison de constater la complicité du préfet Challemel-Lacour et de la soumettre à la même responsabilité que ses coopérateurs pour cette œuvre détestable.

Résumé.

En résumé,

Il est établi que l'Etat n'est pas engagé par les actes de M. Challemel-Lacour.

La loi du 10 vendémiaire an iv est seule applicable aux faits de pillage et de dévastation commis dans l'établissement des Frères à Caluire.

M. Challemel-Lacour n'a jamais fait de réquisition ni par la forme ni au fond.

Il a participé de la manière la plus directe et la plus grave aux faits délictueux dont les Frères sont victimes.

La réparation civile qu'ils demandent et que le jugement a prononcé contre la commune de Caluire, contre M. Challemel-Lacour et contre les Conseillers municipaux est donc bien fondée et la sentence des premiers juges doit être confirmée par la Cour.

Evaluation des pertes
et dommages.

Il reste à examiner les conclusions subsidiaires de la commune de Caluire qui font l'objet de la deuxième partie de son mémoire.

Elle demande le rejet de diverses sommes, la réduction de certaines autres et nouvelle expertise, au nom de M. Challemel-Lacour, on a cru pouvoir accuser l'expert Bissuel d'avoir fait son travail sous l'influence d'intention fantaisiste et bienveillante.

Quelques mots sur cette attaque peu sérieuse et imméritée, puis sur les principes posés par la commune de Caluire et sur ses demandes.

M. Bissuel est l'un des experts le plus honorable et celui auquel les tribunaux ont accordé le plus de confiance, qui, sous tous les rapports, il la justifiait ; il faut être étranger à notre ville pour ignorer qu'à son intelligente exactitude s'alliait une rigueur extrème dans les appréciations et au désir constant de les rendre aussi modérées que possible.

En ce qui concerne spécialemeut l'expertise contestée, il a été nommé, le 28 mars 1871, par ordonnance rendue entre les Frères, la commune de Caluire défaillante, l'Etat français et le département du Rhône.

La commune de Caluire à cette époque affectait de ne pas même recevoir les assignations et obligeait à les déposer au parquet du procureur de la République. Son abstention était donc volontaire et réfléchie.

M. Bissuel a rempli consciencieusement sa mission pendant près de six mois. Il a clos le 15 septembre 1871, son rapport qui a plus de 400 pages. Il a estimé à 104,934 fr. 55 ; en tout, les pertes subies par les Frères.

L'avocat de la commune de Caluire essaie d'abord d'établir, en droit, qu'on ne doit jamais accorder de dommages-intérêts quand le double est alloué, en sorte qu'on ne saurait obtenir le triple. C'est là une erreur des plus caractérisées ; il suffit pour s'en convaincre de relire les art. 4 et 6, titre V de la loi de vendémiaire. — L'arrèt de cassation rappelé en note, dans l'édition du Bulletin de Duvergier, sous ces articles. Enfin, l'arrèt de la Cour de Lyon, du 27 décembre 1849, — affaire Bussigny —C.— Saint-André-de-Corcy. Il accorde le double et en sus des dommages-intérêts égaux à la valeur au simple.

Mais à quoi bon? les Frères n'ont pas demandé de dommages intérêts en sus du double. Dès-lors pourquoi discuter?...

Il est un autre point plus utile à examiner dans l'espèce. Faut-il admettre que les dégradations et dévastations immobilières ainsi que celles aux récoltes ne doivent pas être payées au double?

Les premiers juges se fondant sur les dispositions rapprochées des titres IV et V de la loi et sur la jurisprudence de la Cour de cassation (arrêt du 13 avril 1842, répondent que le double est dû pour les pertes de cette nature). Inutile d'insister davantage.

La prétention de la commune n'est pas fondée.

Quant aux critiques de détail elles sont nombreuses, mais inadmissibles:

1° L'expert, dit-on, n'a pas rempli sa mission, il n'a pas distingué les dégâts causés par le casernement de ceux résultant du pillage.

C'est une erreur. Il suffit de recourir au rapport pour constater que l'expert a indiqué les travaux commencés par le génie, puis abandonnés; quant aux autres dégâts, il était impossible d'en faire la distinction.

Les Frères avaient été expulsés. La commune, par son régisseur Rivière, aurait pu fournir des indications, puisqu'elle considérait ces dégâts comme faits à sa chose; elle a fait défaut. De quoi peut-elle se plaindre?

2° Il serait possible qu'il y eût confusion; les Frères ayant fait des réparations nouvelles en 1871 et 1872.

C'est encore une erreur. M. Bissuel a opéré, du 28 mars 1871 au 15 septembre. Les Frères n'ont pu rentrer chez eux que le 8 mai 1871; ils n'ont fait aucuns travaux avant septembre 1871. Donc, aucune confusion possible.

3° Après diverses critiques que l'avocat de la commune suppose fondées, il ne cesse de répéter aux Frères, adressez-vous à l'Etat.

Qu'est-ce à dire? Est-ce que vis-à-vis de l'Etat les constatations de dégâts, les estimations de pertes devraient être autres que vis-à-vis la commune?....

4° Le chiffre de 21,492 fr. 36 c., porté par l'expert comme valeur des objets pillés ou détruits avant l'inventaire Guelle, doit être complétement rejeté. Rien ne justifie cette perte, sinon la déclaration des Frères qui ne sauraient être crus sans la production d'un inventaire.

Nous trouvons à la page 353 du rapport, le titre suivant :

Etat estimatif du mobilier et des provisions enlevées de la maison avant l'inventaire du commissaire-priseur ; dressé d'après un inventaire remis à l'expert par les Frères et comparé à celui du commissaire priseur.

Les Frères ont donc remis un inventaire à M. Bissuel pour ces pertes.

L'expert a ensuite vérifié pièce par pièce, local par local ; il a dressé un état des objets dout le détail est l'estimation occupent 43 pages.

De quel droit contestez-vous ce travail ? quand vous vous êtes abstenu d'assister à l'expertise pour contredire ?

C'était à vous, d'après l'art. 2, titre V de la loi de vendémiaire, à constater ces pertes dans les 24 heures.

Pourquoi ne l'avez-vous pas fait ? Il vous suffirait après deux années, d'affirmer qu'on ne doit pas admettre pour exact l'inventaire des Frères pour que vous fussiez crus ? Est-ce admissible ?

Le chiffre de 21,492 vous fait rêver, dites-vous ? cela prouve que vous avez des songes faciles, et nous estimons que vos critiques tiennent effectivement du rève, car cette somme est de beaucoup inférieure à la valeur des pertes subies par les Frères. Ceci est une réalité pour eux.

5° La somme de 53,763 fr. 61 c. pour la valeur des pertes après l'inventaire Guelle, est très-exagérée ; elle doit être réduite au moins de 15,000 francs,

La commune a une singulière prétention, c'est de faire adopter par les magistrats un travail mal fait, par un homme peu digne de confiance et non contradictoire, au lieu de celui d'expert commis par justice après prestation de serment et les parties appelées. Ce serait bien étrange !

M. Guelle était notaire dans l'Allier, un insuccès dont les causes ne sont pas connues, l'amenèrent à Lyon, où il acheta une charge de commissaire-priseur.

Son aptitude est des plus contestables, son rôle dans certaines affaires, n'a pas été de nature à le montrer sous un jour favorable.

Dans celle des Frères, il agit à l'invitation de Vassel et consorts, pour inventorier, au profit de la commune, les biens usurpés, et il se garde bien de demander à entendre les propriétaires.

Plus tard, quand les Frères tiennent à connaître l'inventaire ainsi dressé, il leur en refuse communication sans ordonnance de référé et paiement. Ses dispositions pour eux sont certainement peu louables.

Au bout de deux ans, il écrit une lettre ; il raconte qu'il a estimé les objets au-dessus de leur valeur.

M. Bissuel est d'un avis contraire. Il est permis de penser que l'aptitude d'un architecte depuis longtemps expert, est supérieure à celle d'un notaire, depuis peu commissaire-priseur à Lyon.

Il faut admettre aussi que celui qui a reçu mission de justice et obligation d'entendre les parties, est plus digne de créance que celui qui s'est fait l'instrument volontaire d'un acte coupable, et qui plus tard se rend l'auxiliaire de la commune contre les Frères.

La Cour ne peut donc s'arrêter aux attaques contre la manière d'estimer de M. Bissuel.

Elle le peut, d'autant moins que nous déclarons ici de la manière la plus expresse :

1° Que M. Bissuel était toujours des plus étroits dans ses évaluations ;

2° Que dans l'affaire actuelle, il a annoncé aux Frères qu'il estimerait très-bas, parce qu'on était à une époque malheureuse, et que, du reste, il ne remplirait pas sa mission, s'il pouvait croire que le Tribunal fit un centime de rabais sur son appréciation.

Il a tenu rigoureusement cette promesse, et, c'est pour cela que les Frères ont demandé le double. En l'obtenant, ils ne retrouveront que le simple.

En voici quelques preuves entre cent :

L'expert Bissuel s'occupe des trousseaux de 200 Novices, ces trousseaux valaient neufs au moins 150 fr.; il les estime 25 fr., c'est la moitié de leur valeur ;

L'écurie, la boulangerie et les hangars ont subi des dévastations qu'il évalue un certain prix ;

Les réparations ont coûté dix fois plus que son estimation, et, on a réduit la proportion des bâtiments,

Il fait le prix de 531 draps de lit, à 7 fr. l'un, ils en valaient au moins 12 ;

Celui de 104 serviettes, à 1 fr. l'une. Elles valaient le double et ainsi du reste.

Des omissions considérables doivent aussi être rappelées.

600 volumes non de la bibibliothèque classique, mais de celle des Frères, n'ont pas été estimés parce que le catalogue était perdu. C'étaient tous les ouvrages sérieux ; ils valaient plus de 3,000 fr.

Une partie des ornements d'église ont été retrouvés, mais une autre partie a été pillée, et n'est pas estimée ; elle valait 1,500 francs.

Nous n'en finirions pas si nous dressions ici l'état des estimations trop basses ou des omissions.

Nous n'indiquons que quelques articles, pour faire comprendre la rigueur extrême de l'expert, et le légitime motif qui a décidé les Frères à demander le double.

Qu'on ne vienne donc pas opposer à ce travail celui de M. Guelle, qui opérait si rapidement, qu'il a pris un âne pour une vache, qui n'offre d'ailleurs aucune garantie d'exactitude.

Qu'on ne parle pas non plus de nouvelle expertise, car rien ne saurait la motiver.

La Cour, en parcourant le rapport de M. Bissuel, acquerra la conviction que ses conclusions sont bien fondées, et, elle rejettera la demande subsidiaire de la commune, comme la demande principale.

Lyon, le 11 juillet 1874.

Me BRAC DE LA PERRIÈRE, Avocat.
Me POMMIER, Avoué près la Cour.

Lyon. — Impr. P. Mougin-Rusand, rue Stella, 3.